Sebastian Karnatz

REGENSBURG

STREIFZÜGE DURCH 2.000 JAHRE EUROPÄISCHE GESCHICHTE

ars vivendi

Bei der Realisierung dieses Buches ließen wir größtmögliche Sorgfalt walten.
Falls dennoch Informationen falsch oder inzwischen überholt sein sollten,
bedauern wir dies, können aber auf keinen Fall eine Haftung übernehmen.

Bildnachweis:
Bayerische Schlösserverwaltung, Gruber/Hermann/Scherf: S. 164/165, 167, 206/207; Stefan Effenhauser: S. 210, 212; Stefan Effenhauser, Stadt Regensburg: S. 9, 10, 12/13, 14/15, 20/21, 23 (oben u. unten), 24/25, 35, 36/37, 40/41, 42/43, 46/47, 71, 76/77, 80/81, 82, 86 (oben), 89, 90, 92, 96/97, 102/103, 116/117, 124, 134, 153, 156/157, 163 (oben u. unten), 180/181, 182/183, 185, 187, 188/189, 190/191, 195, 196/197, 200/201, 203, 215, 217; Peter Ferstl, Stadt Regensburg: S. 16/17, 30, 33, 50/51, 53, 56, 58/59, 61, 62, 63 (oben u. unten), 67, 73, 75, 85, 86 (unten), 87 (oben u. unten), 95, 100, 106/107, 114, 121, 123, 129, 130/131, 137, 138/139, 143 (oben u. unten), 147, 148, 151, 155, 160 (oben u. unten), 176, 193, 199, 204; Christoph Lang, Bilddokumentation Stadt Regensburg: S. 173 (oben u. unten), S. 174; Sebastian Karnatz: S. 38/39, 110, 113; Blechmodelle/Wikimedia Commons: S. 170/171; Horacio36/Wikimedia Commons: S. 127; Robotriot/Wikimedia Commons: S. 168/169.

Originalausgabe

Erste Auflage August 2018
© 2018 by ars vivendi verlag
GmbH & Co. KG, Bauhof 1,
90556 Cadolzburg
Alle Rechte vorbehalten
www.arsvivendi.com

Umschlaggestaltung: ars vivendi verlag
Umschlagfotografien: © Stefan Effenhauser, Stadt Regensburg
Satz: Annina Himpel, Christine Richert
Übersichtskarte: Ingenieurbüro Dieter Ohnmacht, Frittlingen
Druck: GPS Group GmbH, Velden
Printed in Austria

ISBN 978-3-86913-916-6

REGENSBURG

Inhalt

Eine Stadt als Museum der europäischen Geschichte

»Ich habe […] manchen Tag an die Unerschöpflichkeit dieser Stadt gesetzt; ich wollte, ich könnte ein Jahr an sie setzen, ein Jahrzehnt oder ein Leben.«　　Werner Bergengruen (1892–1964), Lyriker

Ich lade Sie ein, sich mit mir auf eine Reise in die Vergangenheit Bayerns, Deutschlands und Europas zu begeben. Also von München über Berlin nach Brüssel, Paris oder Rom? Weit gefehlt: Um die in diesem Buch besprochenen altehrwürdigen historischen Stätten zu besichtigen, genügt es, in den Süden der heutigen Bundesrepublik Deutschland zu fahren und sich für ein paar Tage in Regensburg, der Hauptstadt des bayerischen Regierungsbezirks Oberpfalz, aufzuhalten. Natürlich könnten Sie diese Reise auch bequem von Ihrer heimischen Couch aus bestreiten – dieses Buch versteht sich ja nicht zuletzt auch als kleine Stadtgeschichte, trotzdem werden Sie sich, zumindest hofft dies Ihr kunsthistorischer Reiseleiter, dem Zauber dieser Stadt nicht entziehen können, sodass Sie natürlich nicht nur von ihr lesen, sondern sie auch fühlen, riechen und erleben wollen.

Diese Stadt atmet Geschichte. Sie ist nichts weniger als gebaute Geschichte. Selbstverständlich werden Sie einwenden, dass man dies von fast jeder Stadt behaupten könnte. Natürlich haben Sie recht. Gerade im gebauten Raum der Stadt verdichten sich unzählige Geschichten aus verschiedensten Jahrhunderten zu jenem Konstrukt, das wir gemeinhin als »Geschichte« bezeichnen.

Wenn wir nun Regensburg als Ausgangspunkt für einen Parforceritt durch zwei Jahrtausende europäischer Geschichte wählen, dann deswegen, weil hier im Kleinen die Stadtgeschichten zu einer großen Erzählung werden, die auch stellvertretend für die Entwicklung jenes Gebildes steht, das man seit dem 15. Jahrhundert als »Heiliges Römisches Reich Deutscher Nation« bezeichnet.

Dies liegt vor allem an zwei Faktoren – am Alter und an der Herrschaftskonstellation. Regensburg ist eine alte Stadt, eine der ältesten Städte Süddeutschlands gar. Als römische Gründung erfuhr die Stadt schon im Frühmittelalter eine erste Blüte und wurde später im 12. und 13. Jahrhundert zu einem Handelszentrum von europäischem Rang. So kommt es, dass Regensburg seinen ersten großen Bedeutungsverlust zu einer Zeit erlangte, in der andere Städte gerade erst gegründet worden waren – im späten Mittelalter.

Die Herrschaft über Regensburg war in etwa seit dem 6. Jahrhundert nach Christus in wechselnder Hand. Als Sitz des bayerischen Herzogsgeschlechts der Agilolfinger

Regensburg ist eine Stadt mit einer jahrtausendealten Geschichte und steckt immer noch voller Leben – im Bild die Untere Bachgasse.

hatte Regensburg den Status einer herzoglichen Residenzstadt – freilich bevor man dezidiert beginnen konnte, von »Residenzen« zu sprechen. Auch das Christentum hatte früh prägenden Einfluss auf Regensburg. Schon ab dem 5. Jahrhundert scheint sich der christliche Glaube hier ausgebreitet zu haben. Natürlich erhoben auch Bischöfe und einflussreiche Äbte Ansprüche auf die Führung der Stadt. Aber damit nicht genug an herrschaftlicher Unübersichtlichkeit: Mit dem Aufkommen des blühenden Fernhandels im hohen Mittelalter wollten auch die Bürger der Stadt ihre Stellung im Binnengefüge Regensburgs politisch gewürdigt wissen.

Sie sehen: Jeder wollte Regensburg beherrschen, und tatsächlich haben alle genannten Akteure ihren eigenen Anteil daran, dass die Stadt immer wieder zum Spiegelbild der Entwicklungen im gesamten Alten Reich wurde. Aber keine Sorge: Wir werden uns dieser auf den ersten – und vielleicht auch auf den zweiten – Blick unübersichtlichen Situation gleichsam Stück für Stück oder Bauwerk für Bauwerk nähern.

Auch wenn die Glanzzeit der Stadt vor allem im Mittelalter liegt, erlangte Regensburg auch in der Frühen Neuzeit als Ort des Immerwährenden Reichstags noch einmal eine enorme Bedeutung innerhalb des Alten Reichs. Dem Untergang des Heiligen Römischen Reichs Deutscher Nation konnte sich natürlich aber auch Regensburg nicht entziehen. Nach einer kurzen Phase als eigenes Fürstentum wurde die stolze Stadt 1810 in das neu gegründete bayerische Königreich eingegliedert.

In Regensburg lohnt es sich, den Blick nicht nur geradeaus zu richten ...

Seit der Eröffnung der Universität 1967 ist es mit dieser Zeit der zumindest relativen Bedeutungslosigkeit wieder vorbei. Die Stadt erlebt in wirtschaftlicher und kultureller Hinsicht einen enormen Aufschwung und definiert ihre Gegenwart nun nicht mehr nur über die Vergangenheit, sondern auch über ihre Zukunft.

Gebaute Geschichte

Wenn wir heute durch Regensburg gehen, sehen wir ein Nebeneinander der verschiedenen Epochen, die diese Stadt geprägt haben. Von römerzeitlichen Bauten über eine Unzahl an mittelalterlichen Kirchen bis hin zu barocker Prachtentfaltung ist hier eigentlich alles zu finden. Wer sich mit offenen Augen durch die Stadt bewegt, kann sich nicht einmal über einen Mangel an zeitgenössischer Architektur beklagen.

Aber leider lassen sich Bauwerke nur selten mit dem Streben des Historikers nach Epochenreinheit in Einklang bringen. So wird auch Ihr Reiseleiter erst einmal von der immensen Bedeutung des mittelalterlichen Benediktinerklosters St. Emmeram sprechen müssen – während Sie als Besucher in eben jener Kirche heute in einem der Hauptwerke barocker Ausstattungskunst stehen. Bauten wachsen mit den Jahrhunderten. Sie werden aus- und umgebaut oder gar abgerissen und zerstört. Ein rein chronologischer Rundgang durch die Stadt als gedachte Stadtgeschichte von der Römerzeit in die Jetztzeit ist somit leider ein Ding der Unmöglichkeit.

Trotzdem will Ihr Reiseleiter den chronologischen Überblick über die Geschichte der Stadt nicht ganz aufgeben – auch wenn er dabei immer wieder in spätere, gerade eigentlich nicht vordergründig behandelte Epochen springen wird.

Dieses Buch teilt sich in verschiedene Stadtspaziergänge auf, die selbstverständlich alle einzeln Schneisen durch die Stadtgeschichte schlagen, die aber sehr wohl auch versuchen, im Gesamten ein stimmiges Bild der Regensburger Geschichte zu vermitteln. Jenes Bild verweist allerdings immer auch auf den Gesamtzusammenhang der großen Politik, welche die Stadt im Kleinen geprägt hat.

Unsere Spaziergänge führen uns also von der Römerzeit ins Frühmittelalter, von dort aus zur kaufmännischen und kirchlichen Boomtown des Hochmittelalters, über den Immerwährenden Reichstag bis hin zum königlich-bayerischen Regensburg, das tatsächlich kaum mehr als eine Provinzhauptstadt war. Der Moderne widmen wir uns stellvertretend mit der Universität und dem Donau-Einkaufszentrum. Beide Komplexe stehen für die Eckpfeiler des heutigen Regensburgs – für Wissenschaft und wirtschaftliches Wachstum.

Eine Stadt als Museum?

Auch wenn seit der Verleihung des UNESCO-Welterbetitels für die gesamte Altstadt der Massentourismus in Regensburg rapide zugenommen hat, präsentiert sich

Der Haidplatz dient heute – wie schon im Mittelalter – als Ort der Versammlung und des öffentlichen Lebens.

die Stadt weit weniger museal als beispielsweise das ebenfalls im Kern hervorragend erhaltene mittelalterliche Rothenburg an der Tauber, das sein städtisches Leben ganz auf den Tourismus hin ausgerichtet zu haben scheint. Regensburg ist heute eine Stadt, die von Studierenden, Alteingesessenen und Touristen in gleichem Maße geprägt wird. Auch wenn die Altstadt durch die jüngsten Sanierungsmaßnahmen ihren Charakter durchaus verändert hat – Stichwort Gentrifizierung –, hat sie in weiten Teilen ihren historischen Charakter zumindest äußerlich bewahren können.

Wer also mit dem Etikett des Museums ausschließlich wohlig-biedermeierlichen Stillstand verbindet, ist in Regensburg – noch? – an der falschen Adresse. Wer allerdings, wie übrigens auch die zeitgenössische Museumstheorie, das Museum als lebendigen Ort des Lernens und Staunens, des Austausches und manchmal auch des Streites begreift, der ist in Regensburg genau an der richtigen Adresse. Diskutiert wird hier vornehmlich – so viel Bayern muss auch in Regensburg sein – in Biergärten und urigen Brauereigaststätten. Wer als Kulturreisender die Stadt besucht hat, ohne in einem der traditionsreichen Biertempel von einer rabiaten Bedienung ob seines wahlweise zu langsamen oder zu schnellen Bierkonsums zurecht gewiesen worden zu sein, hat Regensburg in Wahrheit gar nicht gesehen.

Weil diese Stadt also in hohem Maße auch ein lebendiger Organismus ist, wird Ihr ReiseleiterInnen am Ende jedes Rundgangs immer wieder auch Tipps an die Hand

Der Rathaussaal. Hier wurde einst einiges »auf die lange Bank geschoben« – und über das Ende des Heiligen Römischen Reichs beraten.

geben, wie Sie Ihre Kulturreise genuss- und erlebnistechnisch veredeln können. Allerdings bleiben wir auch hier unserem Thema auf der Spur: In Regensburg können Sie tatsächlich unter dem Kreuzgratgewölbe einer Hauskapelle feiern und in den ehemaligen Räumlichkeiten der Bischöfe dinieren. Die wichtigsten Informationen und Adressen zu den besprochenen Tipps finden Sie im Anhang dieses Buches. Dort, wo diese Hinweise weniger von gotischen Gewölben als von Essen, Trinken und anderen weltlichen Vergnügungen handeln, folgen Sie natürlich dem subjektiven Empfinden Ihres Reiseleiters.

Regensburg – eine bayerische Stadt?

Der heutige Regensburgreisende erwartet in erster Linie eine bayerische Stadt mit einem historisch bedeutenden Altstadtkern. Ein historischer Reisender, sagen wir vor gut 600 Jahren, hätte schon beim ersten Adjektiv des vorangegangenen Satzes gestutzt. Warum bayerisch? Das bayerische Herzogtum – vor 600 Jahren genauer gesagt, die bayerischen Herzogtümer – spielte(n) nämlich seit dem Jahr 788 für Regensburg eine eher marginale Rolle. In jenem Jahr verleibte sich Karl der Große das bayerische Stammesherzogtum der Agilolfinger ein und machte Regensburg zu seiner, also zu einer königlichen Stadt.

Die bedeutendsten Nachfolger der Agilolfinger, die Wittelsbacher, schafften es nicht, sich diese ehemalige Hauptstadt der bayerischen Herrschaft zurückzuholen. Aus diesem Grund ist zwar der am anderen Donauufer gelegene Stadtteil Stadtamhof historisch bayerisches Gebiet, die Altstadt hingegen kann sich erst seit 1810 wieder »königlich-bayerisch« nennen. Mit der Oberpfalz, dem Regierungsbezirk des Freistaats, den Regensburg heute nominell als Hauptstadt anführt, gibt es nur wenige historische Berührungspunkte. Im Süden der Stadt schließen heute ehemals niederbayerische Herrschaftsgebiete an und im Norden gab es historisch gesehen die längste Zeit eine derartig komplexe Herrschaftskonstellation, dass viele Südoberpfälzer heute selbst nicht wissen, von wem sie ehemals regiert wurden. Wir werden in einem abschließenden Umlandspaziergang etwas näher auf diese kuriose Situation eingehen (s. S. 205ff.). In der Stadt selbst werden Sie übrigens auf einen gemäßigt süddeutschen Dialekt treffen, den Sie selbst dann verstehen werden, wenn Sie noch niemals mit einem echten Bayern oder Österreicher in Kontakt gekommen sind. Je weiter wir auf unserer Tour nach Norden kommen, vor allem im Umlandspaziergang, desto herber und vielleicht auch authentischer klingen die diphthongierten Vokale. Sie sehen: Auch für Sprachforscher sollte auf unserer Reise etwas dabei sein.

Wenn wir nun also für unsere Tour nicht Bayern und nicht einmal Deutschland als Referenzpunkt wählen, sondern Europa, dann hat dies durchaus gute Gründe. Regensburg war als römische Gründung schon in der Antike in einen überregionalen Kontext eingebunden. Auch im Mittelalter machten die

Handelsbeziehungen – und die Macht der Kirche – die Stadt zu einem Zentrum, dessen Bedeutung weit über das von Landwirtschaft geprägte Umland hinauswuchs.

Seit dem 13. Jahrhundert nennt sich Regensburg aufgrund kaiserlicher Privilegien stolz »Freie Stadt«. Die Regensburger Bürger waren einzig und allein dem Reich verpflichtet, nicht den bayerischen Herzögen und nicht dem Bischof. Dieses Schicksal teilte Regensburg mit anderen altehrwürdigen Orten wie Augsburg oder Worms. Freie Städte waren Gebilde, die sich aus dem Herrschaftsbereich ihrer Landesherren – zumeist der Bischöfe – befreien konnten. Sie waren nominell dem Reich zugeordnet, aber dem Kaiser nicht abgabepflichtig. Dies unterscheidet sie im hohen und späten Mittelalter auch von den Reichsstädten, die vor allem im Südwesten des Reichs im ehemals staufischen Herrschaftsgebiet angesiedelt waren. Wer heute beispielsweise durch das Allgäu fährt, stößt hier auf eine ganze Reihe an kleineren Städten, die sich mit dem Titel der ehemaligen Reichsstadt schmücken: Isny, Wangen, Memmingen und Kaufbeuren sind nur vier Beispiele unter ihnen.

Im Laufe der Frühen Neuzeit wurde allerdings die Unterscheidung zwischen Freien Städten und Reichsstädten hinfällig. Die Vertretung der Städte am Reichstag nannte sich »Freie und Reichsstädte«. Aus dieser Titulatur entwickelte sich später das Etikett der »Freien Reichsstadt«, das man auch im Zusammenhang mit Regensburg immer wieder liest. Wenn also in diesem Buch von der »Freien Reichsstadt Regensburg« die Rede sein wird, dann handelt es sich gewissermaßen um die zusammengezogene Form des Standes der Freien und Reichsstädte.

Doch warum diese scheinbare Wortklauberei? Weil sie zumindest einen Punkt deutlich macht, der für unsere Spaziergänge durch die europäische Geschichte von immenser Bedeutung ist: Regensburg war ein autonomer Teil jenes Gebildes, den wir bislang wahlweise als Reich, Altes Reich oder als Heiliges Römisches Reich Deutscher Nation angesprochen haben.

Regensburg und Europa

Das antike römische Imperium wurde im Frühmittelalter durch die unglaubliche Dynamik der Völkerwanderungszeit gehörig durcheinandergewirbelt. Wie wir auf unserem ersten Stadtspaziergang sehen werden, hatte das auch für Regensburg gewaltige Folgen. Von einem Imperium, also einem Reich, konnte spätestens mit dem 5. Jahrhundert gar keine Rede mehr sein.

Erst unter dem karolingischen Herrscher Karl, dem die Geschichte den Beinamen »der Große« verpasst hat, bildeten sich wieder so etwas wie geordnete Strukturen in Europa heraus. Der Franke – »Franken«, so wurde sein Volksstamm genannt – hatte weite Teile Europas unter seine Kontrolle gebracht und ließ sich am Weihnachtstag des Jahres 800 vom Papst zum römischen Kaiser krönen. In dieser symbolischen Aktion war nun also die herrschaftliche Geschichte des römischen Reichs auf den Germanen Karl

übergegangen – »translatio imperii«, Überführung des Reichs, nannten das die Gelehrten im Umfeld des Kaisers.

Damit war wieder eine Idee in der Welt, die die Geschicke Europas bis heute prägen sollte. Das Band, das den Kontinent weitgehend einte, war der Gedanke an ein umfassendes Reich, nicht an Nationen. Das Fränkische Reich wurde allerdings unter den Erben Karls aufgeteilt, sodass vor allem zwei wichtige Herrschaftsgebiete entstanden, die sich bis heute auf der europäischen Landkarte ablesen lassen – das Ostfränkische Reich, das später als »Heiliges Römisches Reich« bezeichnet wurde, und das Westfränkische Reich, das in seinem deutschen Namen »Frankreich« diesen Ursprung noch immer deutlich anzeigt.

So beginnt die eigentliche Geschichte des Heiligen Römischen Reichs mit Otto I. aus einem sächsischen Adelsgeschlecht. Otto wurde wie Karl zum Kaiser gekrönt und knüpfte wiederum an die Idee des römischen Imperiums an. Dieses deutsche Königreich, so wurde es seit dem 11. Jahrhundert genannt, bekam aufgrund seiner dezidiert christlichen Ausrichtung bald den Zusatz »sacrum«, also heilig. Im späten Mittelalter bürgerte sich als gebräuchliche Form dieses Herrschaftsgebildes die Ansprache als »Heiliges Römisches Reich Deutscher Nation« ein, die mit den Adjektiven »heilig«, »römisch« und »deutsch« die Sonderstellung des Reichs – auch und gerade gegenüber Frankreich – deutlich machen sollte.

Welche Gebiete zählten nun zu jenem Reich? Diese Frage ist leider nicht so recht leicht zu beantworten – Grenzen waren gestern und sind heute dynamische Gebilde, sicher nicht wahllos gezogen, aber dem historischen Veränderungsdruck kaum gewachsen. Dazu kommen Sonderfälle wie die Gebiete der heutigen Schweiz oder der Niederlande, die nur phasenweise ein politisch aktiver Teil des Reiches waren. Auch das stets umkämpfte Italien mit seinen vielen kleinen Herrschaftsgebieten war oftmals nur auf dem Papier Bestandteil des Reiches. Wenn wir eine Annäherung wagen, dann vielleicht diese: Weite Teile Mitteleuropas und manche Regionen Südeuropas waren Bestandteil jenes Staatengebildes oder mit ihm assoziiert. Die politischen Zuständigkeiten wechselten durch Heiraten, Erbfälle und Kriege. Das Reich war stets im Wandel begriffen und definierte sich im fortschreitenden Mittelalter immer stärker über seine Ideologie als christliches Herrschaftsgebilde in der Nachfolge des römischen Imperiums. Mit den literarischen Wiederentdeckungen des Humanismus – namentlich der Germania des Tacitus – spielte dann auch die gemeinsame germanische, vulgo deutsche, Geschichte eine identitätsstiftende Rolle.

Trotzdem war das Reich keine Nation im heutigen Sinne, sondern ein Bund verschiedenster kleinerer Herrschaften – darunter mächtige kirchliche Fürsten wie die Bischöfe von Köln, Mainz und Trier, weltliche Herren wie die Pfalzgrafen bei Rhein, die Markgrafen von Brandenburg, die Herzöge von Sachsen und die Könige von Böhmen.

Mit diesen sieben Herrschern ist bereits eine weitere grundlegende Struktur des

Die Donau ist die Lebensader der Stadt – und ein herrlicher Fundus für Fotos mit Postkartenmotiven.

Reichs angesprochen. Seine Königswürde wurde nicht vererbt. Im Gegenteil: Seit dem 14. Jahrhundert bildete sich ein Wahlprozess heraus, in dessen Rahmen eben jene sieben – später dann neun – Fürsten stellvertretend für das gesamte Reich den König wählten, ihn also kürten. Aus diesem Grund nannten sich diese Herrscher auch »Kurfürsten«.

Grundlegende Entscheidungen, die alle Mitglieder angingen, wurden im Alten Reich vor allem auf Reichstagen getroffen. Diese waren Versammlungen aller relevanten Reichsstände. Darunter verstand man alle Personen und politischen Gebilde, die ein Recht auf Mitsprache im Reich hatten. Das waren kirchliche Würdenträger mit einem eigenen Territorium, wie die Fürstbischöfe, Fürstäbte oder Hochmeister der Ritterorden, auf der einen Seite und weltliche Reichsstände, wie Reichsfürsten, Grafen und die Freien Reichsstädte, auf der anderen.

Regensburg selbst war auf den Reichstagen durch seine Sondersituation im Alten Reich gleich mit mehreren Reichsständen vertreten. Auf geistlicher Seite waren dies der Bischof mit dem Domstift, die Reichsstifte Obermünster und Niedermünster sowie St. Emmeram. Dagegen stand als weltliche Vertretung die Freie Reichsstadt, die zudem seit der Mitte des 16. Jahrhunderts nicht mehr dem katholischen, sondern dem protestantischen Glauben anhing.

Die Reformation war ohnehin wie ein Wirbelwind über das Reich hinweggefegt. In ihr vermischten sich tatsächliche religiös-reformatorische Anliegen mit humanistischem Gedankengut und handfesten politischen Überlegungen. Wir werden der Reformation im Reich und in Regensburg ausführlich in einem eigenen Spaziergang nachspüren (s. S. 105ff.).

Die Verwerfungen der Reformation, die schlussendlich in den Dreißigjährigen Krieg und in einen Burgfrieden zwischen protestantischen und katholischen Reichsfürsten mündete, markierten gleichzeitig auch den entscheidenden Wendepunkt in der Geschichte des Alten Reichs. Expansionsbestrebungen, wie sie an der Wende vom Spätmittelalter zur Frühen Neuzeit die Politik des Reichs noch entscheidend prägten, spielten kaum mehr eine Rolle. Das Reich wurde nun vor allem als Garant für Frieden und Rechtssicherheit angesehen. Das heißt allerdings nicht, dass die einzelnen Häuser ihre Bestrebungen nach Erweiterung des eigenen Herrschaftsbereichs aufgaben. Ganz im Gegenteil: Der Aufstieg der brandenburgischen Hohenzollern zu Königen in Preußen 1701 mit einem immer größer werdenden territorialen Einfluss zeigt beispielhaft, dass sich derartige politische Fragen inzwischen auf die Ebene der einzelnen Machtinstanzen verschoben hatten. Für die politische Stellung des Reichs spricht es Bände, dass etwa die habsburgische Fürstin Maria Theresia zwar als eine der wichtigsten und prägendsten Herrscherpersönlichkeiten des 18. Jahrhunderts gelten muss, dass die Kaiserkrone des Reichs allerdings ihr Mann Franz I. Stephan zu tragen hatte – auch wenn er im Schatten der mächtigen Regentin kaum ein eigenes Profil entwickeln konnte. Die eigentliche Machtposition lag also bei der Herrin des Hauses Habsburg, nicht beim Kaiser.

Regensburg wiederum spielte für jene Zeit der verfassungsrechtlichen Verfestigung der Strukturen des Heiligen Römischen Reichs eine ganz entscheidende Rolle. Bereits seit 1594 tagte der Reichstag ausschließlich im Regensburger Rathaussaal. 1663 schließlich verstetigte sich der Reichstag, d. h. er wurde nicht mehr aufgelöst, sondern tagte durchgehend. Der Reichstag war vor allem damit befasst, die ungelösten Probleme der Reichsverfassung aufzuarbeiten, die nicht zuletzt in der vielgliedrigen Struktur dieses politischen Gebildes begründet lagen. Damit war Regensburg für fast 150 Jahre so etwas wie die Hauptstadt des Reichs. Dies brachte allerdings nicht, wie man erwarten könnte, die ständige Anwesenheit der Mächtigen in der Stadt mit sich. Der Immerwährende Reichstag war zumeist eine Angelegenheit für Vertreter, nicht für Kaiser und Kurfürsten. Die Vertreter des Kaiserhauses brachten aber dann doch wieder jenen Pomp in die Stadt, der ihr seit dem Niedergang des Handels im Spätmittelalter abhandengekommen war – bis heute residiert das Fürstenhaus der Thurn und Taxis, einst als kaiserliche Vertreter von Frankfurt nach Regensburg gekommen, in der Stadt.

Der Funktion als Stätte des Reichstags ist es auch geschuldet, dass das Ende des Heiligen Römischen Reichs ebenfalls in Regensburg besiegelt wurde. Unter der Vorherrschaft Napoleons – einst von Hegel als »Weltseele zu Pferde« gefeiert, im Laufe seiner Karriere dann allerdings doch eher zur »Geißel Europas« (so nennt ihn unter anderem der schottische Schriftsteller Sir Walter Scott) geworden – beschloss der Reichstag 1803 mit dem Reichsdeputationshauptschluss die weitgehende Umstrukturierung des Reichs. Kirchlicher Besitz wurde eingezogen, kleinere Fürstentümer den größeren Herrschaftsbereichen einverleibt. Das Reich, das gerade von seiner kleinteiligen Diversität gelebt hatte, war damit Geschichte. Folgerichtig legte Kaiser Franz II. aus dem Hause Habsburg nur wenige Jahre später 1806 die Kaiserkrone nieder und beendete damit die Geschichte des Heiligen Römischen Reichs Deutscher Nation.

Das ist in aller gebotenen Kürze der historische Hintergrund, vor dem wir uns nun in kleinen Touren durch Regensburg bewegen – von der Römerzeit bis in 21. Jahrhundert. Dabei werden wir natürlich auch immer wieder Gelegenheit haben, das hier nur kurz Angerissene zu vertiefen.

1. Alle Wege führen nach Rom oder Das römische Regensburg

»Die Stadt Regensburg ist uneinnehmbar, aus Quadersteinen errichtet, mit hohen Türmen und reich an Brunnen. Im Norden strömt an ihr die Donau vorbei, die in geradem Lauf nach Osten zieht […].«   Arbeo von Freising († 783 oder 784)

Die Regensburg-Beschreibung des Bischofs Arbeo von Freising, des vielleicht ersten echten bayerischen Literaten, gilt als älteste literarische Erwähnung der Stadt. Diese kurze Episode enthält bereits fast alle Elemente, die für das Regensburgbild späterer Zeiten typisch sind: Kaum ein Chronist vergisst, auf die landschaftsprägende Donau hinzuweisen, und die Türme der Stadt sind ebenfalls nahezu sinnbildlich geworden.

In unserem Zusammenhang am bemerkenswertesten ist allerdings der Hinweis auf die Wehrhaftigkeit der Stadt, die uneinnehmbar scheint und aus Quadern errichtet wurde. Dass den Steinquadern, also mehr oder weniger quadratischen, massiven Natursteinblöcken, seit jeher eine besondere Wehrhaftigkeit und zugleich repräsentative Wirkung zugeschrieben wird, sieht man nicht zuletzt am Burgenbau des Hochmittelalters. Kaum eine Burg von Rang kam ohne jenes sichtbare Zeichen der Macht, also ohne massive Quader, aus.

Im 8. Jahrhundert allerdings, zur Zeit Arbeos von Freising, kann diese Eigenart des Burgenbaus bei seiner Beschreibung der Stadt noch keine Rolle gespielt haben. Die Quader, die Regensburg in den *Gesta Karoli*, einer um 1270 entstandenen Karlssage, gar zum Namen »Civitas Quadratorum Lapidum«, also Stadt der Quadersteine, verhalfen, zeigen den römischen Ursprung der Stadt an. Dieser erhöhte bereits im Mittelalter den historischen Rang der Stadt und machte sie zu einer der ersten – und ältesten – Städte Süddeutschlands.

Noch im 16. Jahrhundert berichtet die volkstümliche Geschichte vom unsteten Doktor Faustus, der sich auf einen Bund mit dem Teufel einlässt, von Regensburg als einer Stadt mit sieben Namen. Neben dem in manchen Sprachen noch heute gebräuchlichen »Ratisbona« lesen wir hier auch »Tyberia Quadrata« und »die viereckhet Statt«. Auch die beiden letzteren Bezeichnungen gehen auf das römische Regensburg zurück. Zwar hat Mephisto mit den Quadern und der Stadt im Viereck, wie wir noch sehen werden, durchaus recht, mit seinem Bezug auf Kaiser Tiberius irrt der eigentlich allwissende Teufel allerdings.

Nicht der Adoptivsohn von Kaiser Augustus gründete nämlich die Stadt, sondern der Philosophenkaiser Marc Aurel gut 150 Jahre später. Doch es erschien den Chronisten wohl zu verlockend, die Gründung dieser so immens wichtigen – und ebenso immens christlichen – Stadt in die direkte Nähe der Geburt Christi, also in die Zeit des Kaisers Tiberius zu rücken. Ein kleiner Hinweis sei noch erlaubt: Johann Wolfgang von Goethe, auch er ein prominenter Regensburgreisender, hat diese Stelle leider nicht in seine dramatische Bearbeitung der frühneuzeitlichen Geschichte des Doktor Faustus übernommen, sodass Generationen von Schüler im Deutschunterricht zwar von der vermeintlichen Unsinnigkeit eines Studiums der Theologie und der Juristerei hören, aber leider nicht von den sieben Namen Regensburgs.

Regensburg liegt gar schön

Bereits um 80 n. Chr. errichteten die Römer im heutigen Stadtteil Kumpfmühl im Süden Regensburgs eine Verteidigungsanlage. Sowohl von dieser Anlage, von der aus das Donautal militärstrategisch günstig einzusehen war, als auch von einer ersten zivilen Siedlung an der Donau sind heute keine sichtbaren Spuren geblieben. Warum aber ausgerechnet Regensburg? Bereits unter Julius Caesar und Augustus hatte das Römische Imperium begonnen, seine Macht über die Alpen hinweg auszudehnen. Dies schloss auch den Vormarsch bis zur Donau ein. So war schon im ersten nachchristlichen Jahrhundert eine neue römische Provinz entstanden, die auch verwaltungsmäßig zu organisieren war. Diese Provinz nannten die Römer »Rätien«, nach

einem Sammelbegriff für die in den Alpen lebenden Stämme. Das Gebiet der Provinz umfasste circa 80.000 Quadratkilometer und reichte von Tirol und Vorarlberg, über den Bodensee bis hin zur Donau und zum Inn. Der Inn war auch die Trennlinie zur Nachbarprovinz »Noricum«, in deren Gebiet unter anderem die heutige Stadt Passau lag.

Auf die Frage, warum sich die Römer für einen militärischen Stützpunkt ausgerechnet Regensburg ausgesucht hatten, gibt Goethe in seiner *Italienischen Reise* eine treffende und für alle Zeiten gültige Antwort: »Regensburg liegt gar schön. Die Gegend mußte eine Stadt herlocken […].« Auch wenn der Geheimrat bei seiner Würdigung der Stadt wohl schon von der Aussicht auf baldige italienische Genüsse geleitet worden sein mag, trifft er damit im Kern auch die Gedanken, die Generationen vor ihm die Römer dazu bewogen haben dürften, die Gegend rund um Regensburg in ihre Befestigungsanlagen miteinzubeziehen. Hier liegt der nördlichste Punkt der Donau, hier münden die Flüsse Naab und Regen in den großen Strom. Diese naturräumliche Gegebenheit sorgte schon in vorrömischer Zeit dafür, dass sich dort wichtige Handels- und Verkehrswege kreuzten, die dann auch von den Römern übernommen werden konnten.

Durch die veränderte politische Großwetterlage in Europa im 2. Jahrhundert n. Chr. dürften die ersten Ansiedlungsversuche der Römer in diesem nahezu idealen Gebiet zum Erliegen gekommen sein. Sowohl die Kumpfmühler Militäranlagen als auch die kleine Zivilsiedlung mussten aufgegeben werden. Der Donauraum wurde von verschiedenen germanischen Stämmen geplündert, zahlreiche Stützpunkte und Siedlungen wurden zerstört.

Umso wichtiger war es für den römischen Kaiser Marc Aurel, den Donauraum nach dem Ende dieser Wanderungsbewegungen und dem Zurückdrängen der Stämme wieder zu sichern. Dafür beorderte er die III. Italische Legion ins Gebiet des heutigen Regensburgs. Eine Legion umfasste circa 5.500 bis 6.400 Mann. Das Legionslager siedelte Marc Aurel in etwa dort an, wo noch wenige Jahre zuvor die zivile Siedlung an der Donau bestanden hatte. Der Fluss selbst diente als eine natürliche Schutzgrenze des Lagers.

Nun sind wir tatsächlich am Beginn der großen Geschichte der Stadt aus Quadern angekommen. 179 n. Chr. wurde das Lager eingeweiht. Dieses Datum kennen wir deswegen so genau, weil Fragmente einer steinernen Gründungsinschrift, die heute im *Historischen Museum Regensburgs* zu sehen sind, die Zeiten überdauert haben:

»*Der Imperator Caesar, des göttlichen Antoninus Pius Sohn [...] Marcus Aurelius Antonius Augustus, Germanensieger, Sarmatensieger, Oberster Priester, mit Tribunengewalt zum 36. Mal, Feldherr zum neunten Mal, Konsul zum dritten Mal, Vater des Vaterlandes, und Marcus Aurelius Commodus Antoninus Augus-*

Gründungsinschrift des Legionslagers, 179 n. Chr., zu sehen im Historischen Museum der Stadt Regensburg

tus, [...] des Imperators Antoninus Sohn [...], haben die Umwehrung mit Toren und Türmen für die III. Italische Legion, die Einträchtige, machen lassen [...].«

Aufgrund der jeweiligen Titel, die Kaiser Marcus Aurelius und seinem mitregierenden Sohn Commodus zugeschrieben werden – kurioserweise scheinen sich hier sogar Fehler eingeschlichen zu haben, denn Marc Aurel starb, als er das 34. Mal Tribun war –, konstruieren Archäologen aus dieser Inschrift das Datum 179 n. Chr., das somit zum eigentlichen Gründungsjahr Regensburgs wird.

Und wie es sich für eine Kulturstadt von Rang gehört, wurde sie nicht nur von einem Kaiser, sondern auch von einem bedeutenden Philosophen gegründet – Marc Aurel schrieb mit seinen *Selbstbetrachtungen* das wohl letzte große Werk der stoischen Schule.

Der Untergang des römischen Regensburgs

Bereits im dritten Jahrhundert kam es in Rätien aber zu heftigen Erschütterungen des fragilen zivilen und militärischen Gleichgewichts. Das Römische Imperium war nicht mehr in der Lage, alle Brandherde, die es in Mitteleuropa gab, zu löschen. Die Alemannen, wohl ein Zusammenschluss verschiedener germanischer Bevölkerungsgruppen, überwanden den Limes, also den Wall, der die Außengrenze des römischen Territoriums markierte, und plünderten das Land. Das Legionslager, die an das Lager anschließende Zivilsiedlung mit wohl mehr als 10.000 Bewohnern und das Regensburger Umland, in dem wir uns Gutshöfe und Landvillen der »Upperclass« vorstellen dürfen, blieben davon nicht verschont.

Zu Beginn des 4. Jahrhunderts wurde die III. Italische Legion, die eigentliche Gründungsbesatzung des Lagers, endgültig aufgelöst. Auch wenn es nach den ersten Alemanneneinfällen zu einer gewissen Entspannung im öffentlichen Leben gekommen war, blieb dieser Zustand nur von kurzer Dauer. Im Zuge weiterer germanischer Wanderungsbewegungen mischte sich die verbliebene romanische Bevölkerung im 5. Jahrhundert zunehmend mit inzwischen auch ganz offiziell geduldeten, germanischen Neuankömmlingen. Man darf sich das Ende des römischen Legionslagers also wohl keineswegs als harten Bruch, sondern viel eher als schleichenden Prozess vorstellen. Wenn man diesen Prozess mit einem Enddatum versehen will, dann bietet sich das Jahr 476 dafür an. Für dieses Jahr können wir sicher sagen, dass Rom die Soldzahlungen an die Grenzsoldaten einstellte. Damit hatte das Legionslager endgültig seine ursprüngliche Bestimmung verloren. Die Wanderungsbewegungen der Alemannen, der Elbgermanen aus Thüringen und Böhmen sowie der Langobarden, Heruler und Ostgoten führten zu einem Völkergemisch im Regensburger Raum, das seither sicher nicht mehr vornehmlich romanisch geprägt war. Das römische Regensburg wurde germanisch.

Rundgang durch das römische Regensburg

Das Legionslager des Marc Aurel ist in Ansätzen noch im heutigen Stadtplan zu erkennen. Es wurde von einer Lagermauer, die mit Zinnen circa sechs Meter hoch war, geschützt. Die Mauern verliefen im Norden nahe der Donau – hier findet sich mit der Porta Praetoria die größte römische Hinterlassenschaft in Regensburg –, im Osten im Bereich des heutigen Dachauplatzes zwischen Donaumarkt und Ernst-Reuter-Platz, im Süden entlang der heutigen Fürst-Anselm-Allee und im Westen zwischen dem Schloss St. Emmeram, das sich knapp außerhalb der Mauern befindet, und dem Kohlenmarkt mit dem Alten Rathaus. Das so gebildete, nahezu quadratische Viereck beinhaltet noch heute einen gewichtigen Teil der Altstadt mit dem Dom, der Alten Kapelle, der Neupfarrkirche, dem Nieder- und Obermünster und vielem mehr.

Wir beginnen unseren Rundweg leicht außerhalb des Quadrats am Regensburger Hauptbahnhof. Wenige Meter vom Hauptbahnhof entfernt am Ernst-Reuter-Platz stoßen wir auf das **document Legionslagermauer (Station 1.1)**. Wir stören uns nicht am sprachlich etwas gewöhnungsbedürftigen Label des *documents*, das nahezu alle von der Stadt museal aufgearbeiteten archäologischen Stätten ziert und uns auf unseren Wegen durch Regensburg noch öfter begegnen wird, sondern erfreuen uns an einem Stück römischer Geschichte inmitten jenes städtischen Gemisches von Zweckbauten, dem Busbahnhof und der beginnenden Altstadt, das den Südostrand der Altstadt prägt. Die römische Mauer ist hier noch in einer Höhe von bis zu 4,80 Meter erhalten. Bei den Steinen handelt es sich um massive Kalksteinblöcke, die mit wenig Mörtel aufeinandergesetzt wurden. Innen schloss einst an die Mauer ein Erdwall an, der wie eine Rampe an das obere Ende der Mauer heranlief und einen hölzernen Wehrgang stützte.

Heute sind in den Kalksteinblöcken auch diverse Spuren von mechanischen Hebewerkzeugen sichtbar. Standard war bis ins hohe Mittelalter, als sich die Steinzange durchsetzte, der sogenannte Wolf, eine Hebevorrichtung, die sich über ein kegelförmiges Loch gleichsam beim Heben in den Stein spreizte. Diese größeren Löcher wurden in der Regel nicht sichtbar verbaut. Ihre heutige Sichtbarkeit spricht dafür, dass gerade die oberen Steinlagen in späterer Zeit verändert wurden.

Doch nicht alles, was wir hier sehen, ist auch tatsächlich römisch: Die der Quadermauer vorgelagerte Bruchsteinmauer ist Teil der mittelalterlichen Stadtbefestigung aus dem Ende des 14. Jahrhunderts. In der Eckrundung ist noch ein Wehrturm der Stadtmauer zu erkennen. Trotz dieser mittelalterlichen Verstärkung der Wehranlage blieb die römische Kalkquadermauer allerdings bis ins 18. Jahrhundert bestehen. Auch das barocke Regensburg wurde also gleichsam mit römischer Ingenieurskunst beschützt. Ohnehin war die römische Verteidigungsanlage bis ins 10. Jahrhundert tatsächlich der einzige militärische Schutz der Stadt.

Wenn wir nun vom *document Legions-lagermauer* aus nach Norden Richtung Altstadt aufbrechen, stoßen wir nach nur wenigen Metern auf ein **weiteres Stück der römischen Verteidigungsmauer (Station 1.2)**. Dieses ist im städtischen Raum offen einsehbar an der Kreuzung von D.-Martin-Luther-Straße und Königshof – hier allerdings in einer deutlich mittelalterlichen Überbauung mit vereinzelten römischen Kalksteinquadern. Durch die Glasfront der Hinterseite des Gebäudes der Industrie- und Handelskammer sind ebenfalls weitere römische Mauerreste erkennbar. In diesem Teilbereich sind die bereits angesprochenen Wolfslöcher besonders deutlich zu erkennen.

Der längste und sicherlich am ansprechendsten präsentierte Teil der Legionsmauer findet sich heute in das **Parkhaus am Dachauplatz (Station 1.3)** integriert. Noch vor wenigen Jahren irritierte den Parkplatzsuchenden eine gleichsam quer durch das Parkhaus verlaufende Quadermauer. Diese Zeiten sind seit der Modernisierung des Parkhauses glücklicherweise vorbei. Inzwischen ist das gut 60 Meter lange Mauerstück mit einem Treppenlauf und einem ausführlichen Informationsfilm Teil der städtischen *document*-Struktur.

Wer um diesen Ort weiß, findet hier allerhand an Wissenswertes zur archäologischen Aufarbeitung dieses Mauerabschnitts. In römischer Zeit soll – archäologischen Befunden

Geschichte und Wirtschaft gehen (hier) gut zusammen – die Römermauer im Gebäude der Industrie- und Handelskammer.

zufolge – an die Mauer nachträglich eine Halle angebaut worden sein, die wohl als Magazinbau für Waffen und militärisches Gerät gedient haben dürfte. Der hervorragende Erhaltungszustand dieses Mauerstücks liegt im Übrigen an einer relativ typischen »Zweitnutzung«. Wo sich heute das Parkhaus erhebt, stand einst das Kloster St. Klara, das die Mauer einfach in seinen Komplex einband.

Direkt gegenüber des Parkhauses befindet sich das **Historische Museum Regensburg (Station 1.4)**. Es lohnt sich, einen Blick auf die Eingangsfront des Museums zu richten. Das wie zufällig vor das Museum ausgekippt aussehende Lapidarium, also Steinlager, zeigt nämlich Nachbildungen von Säulen, die bei Bauarbeiten im Stadtgebiet gefunden wurden. Sie gehörten zur »*via principalis*«, einer der Hauptstraßen des Römerkastells, die als Ost-West-Verbindung durch das Lager führte. Die Straße war wie ihr Nord-Süd-Pendant, die »*via praetoria*«, von zwei mit Ziegeldächern gedeckten Säulengängen gerahmt. Die Fragmente vor dem Historischen Museum sind Teil jener circa fünf Meter hohen Säulen.

Wir gehen weiter in Richtung Donau und stoßen bald nach der inzwischen nicht mehr sakral genutzten Kirche St. Peter und Paul auf die **Nordostecke der Mauer am St.-Georgen-Platz (Station 1.5)**. Die ehemalige Kirche, heute ein schicker Club, ragt mit ihrem Rechteckchor über den Verlauf der römischen Mauer hinaus, nützt allerdings ansonsten großflächig die römische Quadermauer für ihre Außenwand.

Die Nordostecke des Lagers vermag noch heute zu beeindrucken, obwohl sie erkennbar durch mittelalterliche und neuzeitliche Ausbesserungen und Überbauungen gestört wird. Die Schwärze der Steine rührt von der Witterung und anderen Umwelteinflüssen her. Direkt an der Rundung des Lagers befindet sich eine einsame Biforienöffnung, also sprich zwei zusammenhängende Bögen mit einer romanischen Säule. Es handelt sich dabei um den sichtbaren Rest der Kapelle St. Georg und Afra.

Wenn wir der Rundung des Lagers folgen, gelangen wir auf die Straße »Unter den Schwibbögen«, wo wir nach wenigen Metern auf die **Porta Praetoria (Station 1.6)**, die größte römische Hinterlassenschaft in Regensburg, stoßen. Die monumentale Toranlage wurde noch bis ins 17. Jahrhundert als Stadttor genutzt und dann in das einstige bischöfliche Brauhaus integriert – und vergessen. Erst 1885 wurde sie wieder freigelegt.

Die römische Toranlage ist bis heute ein Symbol der militärischen und ingenieurstechnischen Macht des Römischen Reichs. Der erhaltene östliche Torturm hatte ursprünglich eine Höhe von circa 20 Metern – heute sind davon noch etwa elf Meter erhalten. Westlich davon stand ein baugleiches Pendant. Dazwischen öffneten sich zwei sechs Meter hohe Bögen, darüber ein weiteres Geschoss mit Bogenfenstern. Die Porta Praetoria zählt mit der Porta Nigra in Trier zu den größten römischen Torbauten in Deutschland.

Im Vergleich mit der mehr als doppelt so großen und besser erhaltenen Porta Nigra

Römerzeit und Mittelalter Hand in Hand – die Nordostecke der Römermauer und Reste der Kapelle St. Georg und Afra

fallen aber auch die Unterschiede beider Städte deutlich ins Auge. Trier erlangte unter Kaiser Konstantin für das römische Imperium eine herausragende Bedeutung. Er ließ unter anderem eine Palastaula, die heutige Konstantinbasilika, und Thermenanlagen errichten. Sein Sohn Konstantin II. residierte ebenso in Trier wie mehrere Nachfolger. Trier war damit eine der Hauptstädte des Imperiums und die größte römische Stadt nördlich der Alpen. In Regensburg hingegen stand lediglich ein Legionslager mit angeschlossener Zivilsiedlung.

Bereits diese kurze Gegenüberstellung sollte die Verhältnisse deutlich machen. So sehr Regensburg im Frühmittelalter von der römischen Struktur zehrte, und so sehr diese auch das spätere Wachstum der Stadt begünstigte – die eigentliche Blütephase Regensburgs, die unsere nächsten Rundgänge bestimmen wird, stand der Stadt in römischen Zeiten tatsächlich noch bevor.

Die Porta Praetoria – eine der größten römischen Toranlagen in Deutschland

Tipp für Zwischendurch (s. S. 218)

Auf unserer kurzen Tour durch das römische Regensburg bewegen wir uns vornehmlich am östlichen Rand der Altstadt, der gerade im Bereich der D.-Martin-Luther-Straße eher von mächtigen Gründerzeithäusern und dem mehrspurigen städtischen Verkehr geprägt wird als vom lebendigen Treiben in verwinkelten Gassen, das die romantische Vorstellung von Regensburg gemeinhin dominiert. Deswegen ist auch der Einkehrtipp für diese Tour nicht gerade typisch für Regensburg. Mit der Umgestaltung des Parkhauses am Dachauplatz in den 2000er-Jahren wurde auch die Struktur rund um jenen Platz grundlegend neugeordnet. Seither bietet das Parkhaus nicht mehr ausschließlich Autos und der Römermauer Platz, sondern auch einer Markthalle.

Hier finden Sie zahlreiche Spezialitäten aus der Region, Mittagsangebote und auch einen Kaffee für Zwischendurch. Und auch wenn die Markthalle natürlich nicht ganz das Regensburger Pendant zum Mercat de la Boqueria in Barcelona ist, kann man sich hier auf der Tour kurz stärken – oder einfach nur das vielfältige Angebot begutachten.

Regionales Angebot und immer neue Ideen für den schnellen Mittagstisch – die Markthalle

Tipp für eine römische Übernachtung (s. S. 218)

Auch wenn es seltsam klingen mag – die Porta Praetoria können Sie nicht nur besichtigen, Sie können sie auch für kurze Zeit regelrecht in Besitz nehmen. Im *Hotel Bischofshof*, das in eben jenem Bischofshof, der die Porta Praetoria umschließt, gelegen ist, können Sie nach Eigenauskunft »das älteste Hotelzimmer Bayerns, romantisch gelegen im Römerturm der Porta Praetoria« buchen.

Wer also daran glaubt, dass die Macht der Geschichte auch an Ort und Stelle im Schlaf auf einen übergehen kann, der ist hier sicherlich richtig. Den Bischofshof selbst werden wir im Übrigen bei unserem Rundgang durch das kirchliche Regensburg (s. S. 105ff.) noch ausführlicher würdigen.

Wohnen wie im alten Rom – diese Fenster könnten für eine Nacht die Ihren sein.

Tipp für standesgemäßes Feiern (s. S. 218)

Wen es in das sagenumwobene nächtliche Regensburg zieht, das vornehmlich von den zahlreichen Studentinnen und Studenten der Stadt dominiert wird, der muss nicht auf das römische Regensburg verzichten. Die ehemalige (und oben bereits erwähnte) Kirche St. Peter und Paul bietet heute nicht mehr christlichen Gläubigen, sondern den Jüngern der dröhnenden Beats Herberge. Sie können sich also direkt an der Mauer des römischen Legionslagers unter dem Kreuzrippengewölbe eines Saalbaus des 13. Jahrhunderts durch die Nacht tanzen. Mehr tönende Geschichte geht nicht. Traditionsgemäß wechselt diese Location allerdings recht oft Besitzer und Namen. Sie können sich ja tagsüber bei Ihrem Rundgang noch einmal vergewissern, wo genau Sie heute Ihren Drink einnehmen werden – insofern Sie sich jung genug fühlen, sich hier nicht nur ins alte Gemäuer, sondern auch ins vorwiegend studentisch geprägte Getümmel zu stürzen.

Beten und Beats – die ehemalige Kirche St. Peter und Paul beherbergt heute einen Club.

2. Weltstadt an der Donau oder Das Regensburg der bayerischen Herzöge und der fränkischen Könige

Die Herrschaftssituation in Regensburg änderte sich mit dem Abzug der römischen Truppen im 5. Jahrhundert grundlegend. Wandernde germanische Stämme und verbliebene römische Zivilisten wuchsen zu einer neuen Gemeinschaft zusammen. Wenn also in der Mitte des 6. Jahrhunderts in den historischen Quellen ein neuer Volksstamm auftaucht, dann dürfen wir uns das weniger als eine plötzliche Landnahme, denn als einen schleichenden Prozess vorstellen.

Dies zeigt sich schon allein an der Sprache der neu Hinzugekommenen. Die Germanen übernahmen offensichtlich zahlreiche Kulturtechniken der romanischen Bevölkerung. So stammen beispielsweise die Worte für »Wein«, »Kelter« und »Most« aus dem Lateinischen. Auch der Ortsname »Winzer«, heute ein Regensburger Vorort, leitet sich aus diesem Ursprung ab. Das Zusammengehörigkeitsgefühl der verschiedenen Gruppen war bald so groß geworden, dass sie sich einen gemeinsamen Namen gaben – hier betreten die »Baioarii«, also die Bayern, die Bühne der Weltgeschichte. Die inzwischen am weitesten verbreitete sprachwissenschaftliche These besagt, dass es sich bei den Baioarii um Menschen aus dem Land Baja, das eng verwandt oder gar synonym mit Böhmen ist, handelt.

Das bayerische Herrschaftsgebiet jedenfalls reichte bis zum Alpenrand und schloss auch weite Teile jenes Landes mit ein, das wir heute Österreich nennen. Die Region nördlich von Regensburg aber, die heutige Oberpfalz, stellte im Frühmittelalter keinen einheitlichen Raum dar und zeigte mannigfaltige Herrschafts- und Siedlungsverhältnisse auf. Sie stand unter fränkischem, bayerischem und slawischem Einfluss und ging tatsächlich erst im Hochmittelalter endgültig in das bayerische Herzogtum auf.

Die Agilolfinger

»Der Herzog aber, der an der Spitze des Volks steht, war immer aus dem Geschlecht der Agilolfinger und muss es sein, weil unsere Vorgängerkönige ihnen dies gewährt haben. Wer aus diesem Geschlecht stammt, dem König treu und klug war, den haben sie zum Herzog bestellt, um das Volk zu regieren.« Lex Baioariorum

So lesen wir es in der *Lex Baioariorum*, einem frühen bayerischen Gesetzestext aus der ersten Hälfte des 8. Jahrhunderts, der so etwas wie den Urtext der bayerischen Geschichtsschreibung des Frühmittelalters darstellt. Aus diesem kurzen Ausschnitt erfahren wir vor allem zwei wichtige Dinge: Zum einen wird mit den Agilolfingern das Herrschergeschlecht benannt, das die bayerische Frühzeit entscheidend prägte, zum anderen wird hier deutlich, dass die Herrschaftsmacht der bayerischen Herzöge trotz allem eingeschränkt, oder besser: abhängig bleibt. Sie waren laut dem Gesetz von Königen eingesetzt. Bei jenen handelt es sich um die Franken – den bestimmenden Volksstamm des Frühmittelalters mit einer erstaunlichen Erfolgsgeschichte, die um 800 unter Karl dem Großen mit der Kaiserwürde gekrönt wurde. Diese beiden Pole – das bayerische Herzogtum und die Könige – werden bis zum Ende des 12. Jahrhunderts auch die Geschicke Regensburgs bestimmen.

Die *Lex Baioariorum* ist leider die einzige Quelle, die über eine kontinuierliche Herrschaft der Familie der Agilolfinger vom 6. bis zum 8. Jahrhundert berichtet. Dass alle bayerischen Herzöge von Garibald I. bis zu Tassilo III. wirklich einem gemeinsamen Geschlecht entstammen, ist historisch also weit weniger klar, als es der *Lex* nach den Anschein macht. Die heutige Forschung sieht deswegen in den Agilolfingern weniger eine Familie als einen weitläufigen Verwandtschaftsverband.

Sicher ist in jedem Fall, dass für die ersten bayerischen Herzöge das Legionslager Castra Regina eine herausragende Rolle spielte. Seine immer noch wehrhaften Mauern waren eine handwerkliche und technische Meisterleistung, die im bayerischen Raum ihresgleichen suchte. Es bot sich regelrecht an, die römische Infrastruktur zu überneh-

men. So bildete Regensburg eines der wichtigsten – wahrscheinlich das wichtigste – Herrschaftszentrum der frühen bayerischen Herzöge. Um es auf eine griffige Formel zu bringen: Wer Regensburg kontrollierte, beherrschte auch Bayern.

Kunst und Glaube unter den Agilolfingern

Nicht nur die historischen Quellen geben wenig Auskunft über die Agilolfinger, auch Kunst und Bauwerke, die unter ihnen entstanden, sind heute kaum noch zu finden. Die entscheidendste Rolle unter den Agilolfinger-Herrschern spielte sowohl für Regensburg als auch für Bayern Herzog Tassilo III. Über ihn wissen wir auch mehr als über seine Vorgänger. Vor allem fränkische Quellen informieren ausführlich über den Herzog. Hier ist allerdings Vorsicht geboten – sie stilisieren Tassilo nicht ganz uneigennützig als treulosen Aufwiegler gegen die fränkische Herrschaft.

Tassilo war Neffe König Pippins, also ein Cousin Karls des Großen, und damit zumindest am Beginn seiner Herrschaft ein treuer Gefolgsmann der fränkischen Könige. Irgendwann im Laufe seiner vierzigjährigen Regierungszeit von 748 bis 788 muss es allerdings zum Bruch mit den Verwandten gekommen sein. Zumindest sah sich Tassilo nach neuen Bündnispartnern um. Wohl im Jahr 763 heiratete er Luitpirg, Tochter des Königs der Langobarden. Da ihr Vater Desiderius für seinen stramm antifränkischen

Bild S. 46/47: Der Komplex des Reichsstifts Niedermünster von oben

45

Kurs bekannt war, darf diese Heirat als Affront gegen die fränkischen Herrscher angesehen werden.

Dies allein erklärt allerdings nicht die weitere Entwicklung im bayerischen Herzogtum. Vielmehr scheint auch die fränkische Politik, die seit 768 Tassilos Cousin Karl als König maßgeblich bestimmte, bewusst auf Konfrontation ausgelegt gewesen zu sein: Rechtlich unklare, weitgehend autonom agierende Herrschaften wie jene im Herzogtum Bayern sollten stärker an das Königshaus angebunden werden.

Folgerichtig zwang Karl Tassilo 787 dazu, dem König öffentlich Gehorsam zu schwören. Dabei musste der aufmüpfige Herzog dem König gar die Füße küssen – ein symbolischer Akt der Unterwerfung und Erniedrigung des stolzen Bayern, der ja immerhin eine Königstochter geheiratet hatte und sich wohl mindestens so königlich fühlte, wie seine fränkischen Verwandten. Auf dem Hoftag zu Ingelheim nur ein Jahr später wurde Tassilo dann wegen Aufruhr gegen den König und einer angeblichen Verschwörung mit den Awaren, der Großmacht östlich des Frankenreichs, endgültig abgesetzt. Das deswegen über ihn verhängte Todesurteil wurde jedoch durch das Eingreifen des Königs zu einer lebenslangen Klosterhaft abgemildert. Mit Tassilo endet die Geschichte Regensburgs als wichtigster Stadt der bayerischen Herzöge – und es beginnt die Geschichte der »urbs regia«, der königlichen Stadt Regensburg.

Das karolingische und sächsische Regensburg

Karls Machtübernahme ging wohl nicht ganz ohne Probleme vonstatten. Die bayerischen Eliten hingen an ihrem Herzog. So verwundert es nicht, dass der König versuchte, seinen Herrschaftsanspruch mit persönlicher Präsenz zu zementieren. Zwei Jahre lang, von 791 bis 793, hielt Karl der Große Hof in Regensburg. Außer in seiner Hauptresidenz Aachen blieb Karl tatsächlich in seiner langen Herrschaftszeit (768–814) an keinem Ort länger am Stück. Trotzdem war Regensburg für Karl nur ein wichtiger Sitz unter vielen. Herrschaft bedeutete noch bis ins späte Mittelalter fast notwendigerweise auch reisen. Die Präsenz des Herrschers am jeweiligen Ort stärkte – gleichsam durch erhöhte Sichtbarkeit – seinen Machtanspruch.

Als Karl 814 starb, hatte er das Frankenreich mächtig ausgedehnt. Es umfasste weite Teile Mitteleuropas und war die Keimzelle für die zwei dominanten Machtblöcke des Mittelalters und der Frühen Neuzeit – im Westen Frankreich und im Osten das Alte Reich. Zuerst allerdings regierte sein Sohn Ludwig, später mit dem Beinamen »der Fromme« versehen, dieses Reich wie sein Vater alleine. Bereits unter seinen Söhnen wurden jedoch die jeweiligen Gebiete aufgeteilt. An Stelle des Kaisers traten seine Söhne früh die Herrschaft in den ihnen zugewiesenen Reichen an. So wurde Bayern – und damit Regensburg – seit 817 von einem weiteren Ludwig regiert. Dieser Ludwig erhielt später den sprechenden Beinamen »der Deutsche«.

Ludwig der Deutsche regierte in Bayern nahezu selbstständig und wählte Regensburg als seinen wichtigsten Regierungssitz. So verwundert es nicht, dass seine Gemahlin Hemma in Regensburg, genauer im Damenstift Obermünster, begraben wurde.

Seit 843 regierte König Ludwig der Deutsche allerdings nicht mehr nur Bayern, sondern die »Francia orientalis«, das östliche Frankenreich. Von daher hat er sich seinen Beinamen »der Deutsche« also redlich verdient. Für Regensburg und Bayern bedeutete dies allerdings auch die Einbindung in einen deutlich größeren Herrschaftsbereich. Andere bedeutende Städte wie Frankfurt und später Nürnberg, die im neuen Reich zentraler gelegen waren, liefen Regensburg den Rang als bevorzugte königliche Stadt ab. In Bayern regierten anstelle Ludwigs hochrangige Vertreter, die den Titel eines »Pfalzgrafen« innehatten. Sie waren damit auch die Herren der Pfalz, also des Sitzes der Herrschaft. Noch heute lebt die »Pfalz« im allgemeinen Sprachgebrauch im Wort »Palast« fort.

Unter den Nachfolgern Ludwigs war es vor allen der seit 887 im Ostfrankenreich herrschende König Arnolf von Kärnten, der die Entwicklung der königlichen Stadt Regensburg prägte. Arnolf ließ nach einem Stadtbrand 891 einen neuen Pfalzkomplex in direkter Nähe von St. Emmeram bauen, das damit immer mehr zu einem nicht nur ideellen Zentrum der Stadt wurde. Arnolf wurde 899 in St. Emmeram begraben. Seinem zu diesem Zeitpunkt nur sechsjährigen Sohn Ludwig das Kind war kein Regierungsgeschick beschert. Er starb 911 ohne Nachkommen als letzter regierender Karolinger im Ostfränkischen Reich.

In der Folge wird es kompliziert: Verschiedene Herrschaften wechseln, sogar das bayerische Herzogtum wird unter dem Luitpoldinger Arnulf als ernstzunehmende Herrschaftsmacht wiederbelebt. Plötzlich war also neben dem ostfränkischen König wieder ein neuer »Player« im Spiel rund um Regensburg – der bayerische Herzog. Der bereits erwähnte Pfalzgraf dürfte in Regensburg spätestens seit dieser Zeit – eine Sondersituation im ganzen Reich – nicht mehr den Kaiser, sondern den bayerischen Herzog vertreten haben.

Gut, dass es uns der wichtigste Regensburger Herrscher dieser Jahre dann wieder etwas einfacher macht: Der sächsische Kaiser Otto I., genannt »der Große«, machte seinen Bruder Heinrich 947 zum bayerischen Herzog. Dessen Enkel – wiederum ein Heinrich – übernahm 995 als Heinrich der IV. das Herzogsamt. Ein letztes Mal im Mittelalter wird Regensburg unter ihm so etwas wie eine Hauptstadt des Ostfränkischen Reichs: Der bayerische Herzog, der die Stadt natürlich wie seine Westentasche kannte, wurde 1002 nach dem Tod des dritten Ottos auf dem ostfränkischen Thron zum König des Reiches. Zwar verlagerte Heinrich seine kulturellen bzw. spirituellen Bemühungen schon bald auf das von ihm neu gegründete Bistum Bamberg, aber zumindest für kurze Zeit dürfte Regensburg sehr wohl von *seinem* König Heinrich II. profitiert haben.

Rundgang durch das Regensburg der Herzöge, Könige und Kaiser

So komplex sich die Geschichte der Stadt und Bayerns in jenen gut 500 Jahren zwischen dem Ende des römischen Regensburg und der Herrschaft Kaiser Heinrichs II. liest, so komplex ist auch die bauhistorische Grundlage unseres Stadtspaziergangs zum frühmittelalterlichen Regensburg. Wir werden auf unserem Weg durch die Stadt immer wieder auf mehr oder weniger plausible Annäherungen zurückgreifen müssen, da die frühmittelalterlichen Baukomplexe in den nachfolgenden Jahrhunderten immer wieder erweitert oder erneuert wurden.

Wir starten gleichsam im Herzen des frühmittelalterlichen Regensburg, im Herrschaftskern der bayerischen Herzöge, der karolingischen Könige und Kaiser. Das ist gleichzeitig dort, wo die erkaltete Liebe Heinrichs II. zu Regensburg sich am deutlichsten manifestierte: am Alten Kornmarkt. Nach der Neugründung des Bistums Bamberg hatte der ehemalige Bayernherzog eine der ehrwürdigsten Kirchen der Stadt, die am Kornmarkt befindliche Alte Kapelle, im Jahr 1009 just jenem Bistum geschenkt – und damit die ohnehin schon schwierigen Besitzverhältnisse in der Stadt noch unübersichtlicher gemacht.

Doch wir beginnen unsere Besichtigung nicht direkt am Kornmarkt, der heute als Parkplatz von Autos in Besitz genommen wird, sondern ein paar Meter versetzt in der heutigen **Dompfarrkirche Niedermünster**

Im document Niedermünster geht man ganz wörtlich durch die Schichten der Vergangenheit.

50

(**Station 2.1**). Vom Kornmarkt aus kann man sich gut an den zwei unverputzten Türmen mit Rundbogenöffnungen orientieren. Wenn wir den Türmen folgen, stehen wir bald vor einem wuchtigen gelben Vorbau mit einem kunstvollen barocken Portal.

Wir sollten uns von der barocken Eingangssituation nicht täuschen lassen. Die Niedermünsterkirche taucht nicht umsonst im Kapitel zum frühmittelalterlichen Regensburg auf. Bereits in römischer Zeit standen hier militärische Bauten. Im frühen bayerischen Herzogtum wurde das Areal zum Eigenbesitz der bayerischen Herzöge, die ihre Residenz nur wenige Meter entfernt am Alten Kornmarkt errichteten.

Eine erste Saalkirche, also eine Kirche, die aus einem nicht unterteilten Raum bestand, lässt sich bereits um 700 nachweisen. Von ihr und von zwei weiteren Kirchenbauten wissen wir nicht durch das, was wir über dem Bodenniveau besichtigen können, sondern durch das, was sich *unter* dem Boden befindet. In den 1960er-Jahren wurde eine Fußbodenheizung in das Niedermünster eingebaut. Dabei traten die archäologischen Schichten mehrerer Vorgängerbauten zu Tage. Das durchaus verständliche Wärmebedürfnis der Gläubigen führte also zu einer großen archäologischen Sicherungsmaßnahme, der wir heute das *document Niedermünster*, eine museale Aufbereitung der Funde unter der Kirche, verdanken. An den sonntags, montags und feiertags stattfindenden öffentlichen Führungen sollten Sie unbedingt teilnehmen (jeweils 14.30 Uhr). Nur so lässt sich das frühmittelalterliche Erbe dieser Kirche wirklich anschaulich nachvollziehen.

Nach der Saalkirche um 700 entstanden sowohl in karolingischer wie auch in ottonischer Zeit, also um 800 und im 10. Jahrhundert, weitere Kirchenbauten, die bereits die heutige Gestalt der Kirche vorwegnahmen. Statt eines Saales griff man nun auf eine basilikale Form, d. h. eine Dreiteilung des Raums in Kirchenschiffe, zurück. Die ottonische Basilika dürfte in ihren Ausmaßen bereits an die heutige Anlage herangereicht haben.

Die stete Vergrößerung der Kirche hängt nicht zuletzt mit ihrer Bedeutung für die Sakraltopografie der Stadt zusammen. Wahrscheinlich war schon der erste Kirchenbau Sitz von Bischöfen – nicht im Sinne eines regulären Bistums, sondern viel eher als Kirche von Wanderbischöfen, die im Frühmittelalter entscheidend zur Christianisierung Bayerns beitrugen. So wirkte in Regensburg zumindest für kurze Zeit Bischof Rupert, der heute vor allem in Salzburg, wo er mehrere Klöster gründete, verehrt wird. Wichtiger für Regensburg waren allerdings zwei andere Missionsbischöfe: die Heiligen Emmeram und Erhard. Beide wirkten zuerst im östlichen Frankenreich, bevor sie nach Bayern kamen. Mit dem heiligen Emmeram ist bis heute untrennbar das gleichnamige Kloster – jetzt das Schloss der Familie Thurn und Taxis – verbunden. Der heilige Erhard wiederum fand seine Grablege genau hier – im Niedermünster.

Erhard war seit dem späten 7. Jahrhundert über einen Zeitraum von rund zwanzig Jahren am Hof der bayerischen Herzöge tätig. Im

Durch dieses barocke Portal betritt man das Niedermünster, einen der ältesten Sakralräume der Stadt.

Gegensatz zu Rupert und Emmeram prägte er mit seiner Präsenz vor Ort das christliche Regensburg dauerhaft – und das alles, bevor sich sozusagen eine kanonische kirchliche Struktur im bayerischen Herzogtum herausgebildet hatte. Jene entstand im bayerischen Herzogtum erst nach dem Tod Erhards durch den heiligen Bonifatius, der von England auf das Festland gekommen war, um den christlichen Glauben zu verbreiten. Unter Bonifatius erhielten die bayerischen Bistümer ihre bis heute weitgehend gültige Struktur. Seit 739 sind es maßgeblich vier Bistümer, die Bayern prägen: Regensburg, Passau, Freising und Salzburg; wobei Letzteres seit 798 als Metropolitansitz und damit als eine Art übergeordnetes Bistum für die anderen bayerischen Bischofssitze fungierte.

Zu Zeiten des heiligen Erhards, also gut vierzig Jahre zuvor, dürfte es eher um die Durchsetzung und Verkündigung des Glaubens in der wichtigsten Stadt Bayerns, also in Regensburg, gegangen sein. Das germanisch-romanische Vielvölkergemisch, aus dem sich die bayerische Bevölkerung zusammensetze, war längst nicht durchgehend so christlich geprägt wie die spätrömische Antike. Wir dürfen in jedem Fall davon ausgehen, dass sich Reste germanischer Glaubensvorstellungen bis in die Zeit Erhards gehalten haben. Sein Wirken war für Regensburg jedenfalls derart prägend, dass er in der herzoglichen Eigenkirche begraben wurde. Sein Grab liegt an der Nordwand des Niedermünsters und beschränkte im Norden die Ausdehnung der Kirche. Es ist sozusagen der sakrale Kern der Ausstattung.

Um zum Grab zu gelangen, durchschreiten wir zuerst das barocke Portal der Vorhalle. Zumindest kurz schenken wir der feinen, das Portal krönenden Figur Beachtung: Maria mit Kind und Zepter. Schon allein dieser Bildtypus verrät uns etwas über die Wichtigkeit dieser Kirche für die Entwicklung des Christentums in Bayern. Es handelt sich nämlich um einen Typus, den Kunsthistoriker »Patrona Bavariae«, also Beschützerin Bayerns, nennen. Eine ganz ähnliche Figur befindet sich beispielsweise auch an der Westfassade der Münchner Residenz.

Die eindrucksvolle Vorhalle wurde nur kurz nach dem gesamten Kirchengebäude errichtet. Bei beiden Gebäudeteilen handelt es sich um Bauten der Romanik. Die Kirche entstand von 1140 bis 1150, die Vorhalle gut zwanzig Jahre später. Wir bewundern die zahlreichen Grabplatten von Äbtissinnen und lassen die hier zum Teil unverputzt sichtbare romanische Architektur auf uns wirken. Dass sich in der Vorhalle zahlreiche Grabplatten weiblicher Klerikerinnen befinden, hat mit der Nutzung des Kirchengebäudes seit dem Ende des 9. Jahrhundert zu tun. Die herzogliche Eigenkirche fungierte zuerst als Frauenkloster, wenig später als adeliges Damenstift.

Ein »Stift« ist im Gegensatz zu einem »Kloster« eine Gemeinschaft, in der man zwar klosterähnlich zusammenlebt, in der allerdings die Stiftsdamen, in diesem Fall Töchter des Hochadels, nicht strengen Ordensregeln unterworfen sind. Gerade das Damenstift Niedermünster fungierte zum Teil auch als kirchliche Brautschau des

Hochadels. Ihm wuchs schnell eine derartige Bedeutung zu, dass es ab 1002 reichsunmittelbar, d. h. nicht mehr den Herzögen oder dem Bischof, sondern direkt dem Reich und dem Kaiser unterstellt war.

Wenn wir den Kirchenraum durch die Tür mit schweren romanischen Eisenbeschlägen betreten, stoßen wir rechter Hand auf ein weiteres Zeichen jener bedeutenden Zeit als Damenstift. Es ist die Tumba, also eine leere Grabplatte, der Herzogin Judith. Die Herzogin war die Frau Herzog Heinrichs I., des Bruders von Kaiser Otto dem Großen. Judith († nach 985) gilt der Tradition nach als Stifterin der Damenstifts Niedermünster. Die Grabplatte selbst stammt jedoch aus dem 17. Jahrhundert. Judith wurde ursprünglich zusammen mit ihrem Mann beim Hochaltar des letzten Vorgängerbaus bestattet. Heute finden sich ihre Gebeine in einem zweitverwendeten römischen Sarkophag, den Sie bei der Treppe zum archäologischen *document Niedermünster* sehen können.

Im nördlichen Seitenschiff, also vom Eingang aus linker Hand, befindet sich ein bunt bemalter, altarähnlicher Aufbau mit Heiligengräbern. Es handelt sich dabei um hochwertige Arbeiten der Dombauhütte aus dem frühen 14. Jahrhundert. Die beiden steinernen Grabmäler zeigen den heiligen Erhard und seinen ebenfalls in Regensburg tätigen Schüler Albert von Cashel. Beide wurden bereits im ersten Kirchenbau des 8. Jahrhunderts beigesetzt. Bald entstand wohl auch eine rege Wallfahrt zum Grab Erhards. Dies erklärt auch die Anfertigung der herausragenden Steinfiguren gut 500 Jahre

nach dem Tod der beiden Gelehrten. Ein kleines Fensterchen, eine sogenannte Fenestella, gewährt von hier aus Einblick in das darunterliegende Grab des Heiligen.

Schwieriger zu verstehen ist der buntfarbige Ziborienaufbau über den Grabmälern, der augenscheinlich auch aus der Zeit der Liegefiguren zu stammen scheint. Eventuell gehört dieser architektonische Aufbau allerdings gar nicht zum ursprünglichen Kontext der Heiligengräber. Es wird vermutet, dass es sich hier um die ehemaligen Chorschranken, in der Fachsprache als »Lettner« bezeichnet, handelt, die die Stiftsdamen im Chor von den Besuchern der Kirche trennten. Sie wurden wohl im 17. Jahrhundert an die nördliche Seitenschiffwand versetzt, um die beiden Heiligengräber zusätzlich architektonisch auszuzeichnen. Ein Kuriosum am Rande: Aufgrund der Dreiteiligkeit des Lettners war es sozusagen symmetrisch geboten, eine weitere Heiligenfigur anfertigen zu lassen. So findet sich heute neben den beiden gotischen Figuren Erhards und Alberts ein Holzgrabmal eines weiteren Bischofs, der nicht mehr zu identifizieren ist.

Unter den Ziborien sehen wir zudem jeweils drei Tischplatten, die Reliquienschreine tragen. Von links nach rechts sind es die Reliquien der seligen Gisela (geboren um 985), Tochter des bayerischen Herzogs Heinrich der Zänker und Ehefrau König Stephans von Ungarn, der seligen Kunigunde, einer um 1000 tätigen Nonne, und natürlich des heiligen Erhard. Der historische Schrein beinhaltet die besonders verehrte Schädelreliquie Erhards Am 8. Januar wird im

Niedermünster das Fest des heiligen Erhard gefeiert. Noch heute wird zu diesem feierlichen Anlass den Gläubigen die Kopfreliquie aufgesetzt, um Kopfweh und Augenleiden zu vertreiben. Der Kopf des Heiligen ist dabei übrigens in einem Reliquiar, also in einem metallenen Behältnis zur Aufbewahrung der Reliquie, verpackt. Zu einer direkten Berührung mit dem Schädel des Heiligen kommt es so aus nachvollziehbaren Gründen nicht.

Wenn wir nun unsere Tour durch dieses Monument des frühchristlichen Regensburg beenden – natürlich nicht, ohne noch das bereits erwähnte *document Niedermünster* zu besuchen – bedeutet dies natürlich keineswegs, dass es nicht noch etliches Weiteres hier zu entdecken gäbe. Die Kirche ist gesäumt von zahlreichen Kunstwerken späterer Zeiten, die selbstverständlich alle ausführlichere Betrachtungen wert wären. Wir allerdings wenden uns auf unserem Rundgang wieder dem **Alten Kornmarkt (Station 2.2)** und hier insbesondere der Alten Kapelle zu.

Der Alte Kornmarkt wird heute dominiert von der prunkvollen Barockfassade der 1673 entstandenen Karmeliterkirche, der daran anschließenden Alten Kapelle und den Resten des Herzogshofs mit dem sogenannten Römerturm. In frühmittelalterlicher Zeit dürfte die Lage eines herrschaftlichen Hofes durch die römische Bebauung vorgegeben worden sein. Im Sinne einer Kontinuität der Herrschaft wählten die neuen Herren – die Bayern – also eine vorhandene Struktur und wandelten sie in ihr eigenes Herrschaftszeichen um. Analog zu den Wirren der Geschichte – das Schicksalsjahr 788 haben wir

bereits angesprochen – wuchs auch der bayerische Herzogshof zur karolingischen Pfalz heran. Allerdings verlor die karolingische Anlage spätestens im 10. Jahrhundert rapide an Bedeutung. Kaiser Arnolf von Kärnten zog es vor, eine neue Pfalzanlage im Bereich von St. Emmeram errichten zu lassen, sodass der Herzogshof zunehmend verfiel.

Ein Stadtbrand 1152 machte endgültig umfangreiche Neubauten nötig. Nachdem die Wittelsbacher 1180 zu bayerischen Herzögen aufgestiegen waren – dazu an anderer Stelle natürlich noch mehr (s. S. 78ff.) – machten sie sich nur wenige Jahre später daran, die alte karolingische Pfalz als Herrschaftszentrum zu reaktivieren. Sie erweiterten die Anlage um einen modischen Wohnturm, der auf einem karolingischen Untergeschoss mit Granitquadern saß. Gerade diese Quaderstruktur sorgte in späteren Zeiten für einige bauhistorische Verwirrung. Man war sich sicher, dass es sich hier um einen römischen Turm handelte. So wurde dieser hochmittelalterliche Wohnturm bis in den Sprachgebrauch der heutigen Zeit zum »Römerturm«.

Der Herzogshof selbst präsentiert sich heute ebenfalls als ein Produkt der wittelsbachischen Umbauten. Aus karolingischer Zeit hat sich zumindest nichts Sichtbares mehr erhalten. Selbst die einstmalige Struktur als Vierflügelanlage lässt sich nach dem Abbruch der westlichen Gebäude, die näher am Dom lagen, kaum mehr nachvollziehen. Wer dem mittelalterlichen Flair der Anlage nahekommen will, findet es vor allem im Saalbau im ersten Stock des Herzogshofs. Dieser

Der Alte Kornmarkt mit der Residenz der bayerischen Herzöge – weltliche Macht im Schatten des Doms

ehemalige Festsaal, wie auch auf zeitgenössischen Burgen sicher multifunktional als repräsentativer Hauptraum genutzt, wurde aufwendig restauriert und präsentiert sich heute wieder als Ort für stilvolle und herrschaftliche Feierlichkeiten. Wer also beispielsweise seine Hochzeit dort begehen will, wo einst der wittelsbachische Herzog tanzte, der ist hier an der richtigen Stelle. Außerhalb dieser gebuchten Feierlichkeiten ist der Herzogssaal leider nicht regulär zu besichtigen (Informationen unter www.herzogssaal.com).

Nach dem Siegeszug des Christentums in Bayern blieb das enge Band zwischen christlichem Glauben und Herrschaft stets bestehen. Natürlich besaß die Pfalz also auch eine Pfalzkapelle. Jene wurde wohl unter König Ludwig dem Deutschen (826–876) neu gestiftet – in direkter Nähe seines Herrschaftszentrums auf dem Alten Kornmarkt. Inwieweit es einen Vorgängerbau gab, in dem der Legende nach Bischof Rupert um 700 Herzog Theodo II. getauft haben soll, ist bauhistorisch nicht nachzuweisen.

Die heute sichtbare, zum Teil mit römischem Baumaterial errichtete Kirche nennen wir trotzdem mit angemessen salbungsvollem Gestus **Alte Kapelle (Station 2.3)**. Das ebenfalls von Ludwig dem Deutschen hier eingerichtete Kollegiatstift besteht gar als ältestes seiner Art bis in die Gegenwart. Im Gegensatz zu einem Kloster besteht ein Kollegiatstift aus Säkularkanonikern, also Geistlichen, die zwar ordensähnlich miteinander in einem Stift – hier einer Kirche – leben, die aber keinen Ordensregeln folgen. Dies hatte unter anderem den Vorteil, dass

Das Kollegiatstift der Alten Kapelle offenbart von oben trotz der barocken Fenster deutlich seinen mittelalterlichen Ursprung.

die Anhäufung eines privaten Vermögens für diese Kleriker durchaus nicht gegen eine wie auch immer geartete Regel verstieß.

Die Kanoniker des Stifts waren in besonderem Maß auch wissenschaftlich bzw. lehrend tätig. Ein Kuriosum am Rande sind sicherlich ihre lateinischen Liebesverse, die die – strengen? – Lehrer mit den von ihnen unterrichteten Schülerinnen aus den beiden Damenstiften Ober- und Niedermünster tauschten. Einige dieser Verse sind als *Carmina Ratisponensia* glücklicherweise bis heute erhalten. Auch dem Mittelalter war das Menschlich-allzu-Menschliche nicht gänzlich fremd. Jedenfalls lassen Verse wie »Klopfe sanft, denn der Küster schläft nebenan. Dann offenbart das Bett Dir alles, was sich in meinem Herzen verbirgt« unbedingt darauf schließen.

Das Aussehen der Alten Kapelle vor tausend Jahren lässt sich anhand ihrer heutigen Gestalt nur schwer nachvollziehen – wenn, dann ist das vor allem von außen möglich. Als ältester Baukörper fällt ein unverputzter freistehender Turm im Westen ins Auge. Er stammt wohl aus dem 9. Jahrhundert, auch wenn er später aufgestockt und zum Glockenturm umfunktioniert wurde. Hier finden sich tatsächlich – im Gegensatz zum Römerturm – römische Quadersteine in Zweitverwendung im Untergeschoss des Turms. Der Turm war Teil des mächtigen Westwerks, also des repräsentativen Eingangsbaus der ursprünglichen Kirche. Diverse Umbauten und Stadtbrände veränderten allerdings die Gestalt der Alten Kapelle, sodass der Turm heute freisteht.

Der Chor kann mit seinen Strebepfeilern die spätgotische Herkunft aus den 1440er-Jahren kaum verhehlen. Trotz einer jahrhundertealten Entstehungsgeschichte des Gebäudes wirkt es – bis auf den freistehenden Turm – tatsächlich wie aus einem Guss. Dies ist das Verdienst der im 18. Jahrhundert eingezogenen barocken Bassgeigenfenster, die einen Vorgeschmack auf das geben, was uns beim Betreten dieses altehrwürdigen Gotteshauses erwartet – barocke Pracht nämlich.

Von 1747 an wurde die Alte Kapelle tiefgreifend im Stil des damaligen Zeitgeschmacks, also im Formenrepertoire des Rokoko umgestaltet. Am bemerkenswertesten sind hierbei sicherlich die Stuckaturen von Anton Landes, eines Vertreters der Wessobrunner Schule, der auch für einige Stuckaturen in den Schlössern Nymphenburg und Schleißheim verantwortlich zeichnete. Der Terminus der »Wessobrunner Schule« dient als kunsthistorischer Sammelbegriff für zahlreiche barocke Künstler und Kunsthandwerker, die in den Werkstätten der Benediktinerabtei Wessobrunn in Oberbayern ausgebildet wurden.

Seit einer 2003 abgeschlossenen Restaurierung erstrahlt die Alte Kapelle wieder in altem und angesichts der Schwere der Schäden teilweise auch gänzlich neuem Glanz. Wenn wir also die Kirche durch das barocke Hauptportal mit den darin einbezogenen mittelalterlichen Figuren – besonders schön sind die beiden romanischen Löwen aus der Zeit um 1200 – betreten, müssen wir darauf gefasst sein, von der güldenen Pracht der Ausstattung fast erschlagen zu werden.

Gold, so weit das Auge reicht – die Alte Kapelle ist seit dem 18. Jahrhundert ein Schatzkästchen im Gewand des Rokoko.

Links: Die Brüder Asam machten aus der altehrwürdigen Basilika St. Emmeram eine barocke Sinnenfeier.

Oben: Die Vorhalle von St. Emmeram mit wertvoller mittelalterlicher Portalplastik
Unten: Die Wolfgangskrypta

Im überbordenden Formenreichtum des Rokoko den Ursprungsbau noch zu erkennen, fällt dem Auge schwer – und tatsächlich war dies auch gar nicht die Intention der Bauherren. Ihnen stand der Sinn sicherlich mehr nach Vereinheitlichung und Prunk, denn nach bauhistorischen Finessen. Trotzdem ist das Ausstattungsprogramm, das wir als Besucher im Regelfall leider nur durch ein Gitter bewundern dürfen, alles andere als geschichtsvergessen. Ganz im Gegenteil: Im Mittelpunkt des Programms steht das als Heilige verehrte Kaiserpaar Heinrich II. und Kunigunde, das mit der Schenkung der Stiftskirche an das Bistum Bamberg eine zum Zeitpunkt der Rokokoausstattung fast 800 Jahre währende Traditionslinie der Alten Kapelle als Bamberger Enklave mitten in Regensburg begründet hatte.

Am schönsten sind hier vielleicht die beiden Hochaltarsfiguren des Bildhauers Simon Sorg. Heinrich und Kunigunde treten uns in einer Komposition gemeinsam mit einer Madonna samt Kind gegenüber. Die Figuren sind dabei in dramatischer Geste aufeinander bezogen. Der Kaiser schreckt vor der Glorie Marias zurück, während seine Gemahlin ihn mit der ausgestreckten rechten Hand zu beruhigen scheint. Das ist natürlich blankes Pathos, aber so delikat, dass sich selbst ärgste Barockhasser dafür begeistern können sollten – insofern sie das Glück haben und dem Hochaltar näher treten dürfen.

Neben der Rokokoausstattung sollten Sie keinesfalls die Gnadenkapelle an der Südseite des Langhauses verpassen. Hier befindet sich heute das Gnadenbild der Alten Kapelle, das

man mit Fug und Recht als das spirituelle Zentrum des Kirchenraums bezeichnen darf. Der Legende nach wurde es der Kirche von Heinrich II. als »Vera Ikon«, also als wahres Bild der Madonna vom Evangelisten Lukas selbst gemalt, übergeben. Wie oftmals in solchen Fällen kann man gerne daran glauben, dass sich die Tradition derartiger Ikonen, die über Jahrhunderte hinweg ihre Gestalt kaum änderten, auf ein gemeinsames heiliges Vorbild bezieht. Die vorliegende Arbeit indes entspricht zwar dem byzantinischen Typus des Madonnenbildes, sie entstand aber wohl erst im frühen 13. Jahrhundert und damit 200 Jahre nach der Herrschaft Kaiser Heinrichs II.

Nach unserem Besuch des Niedermünsters und der Alten Kapelle fehlt uns nun nur noch das altehrwürdige Benediktinerkloster **St. Emmeram (Station 2.4)**, um unsere Tour zu den ältesten Gotteshäusern der Stadt, allesamt mit einer Traditionslinie, die bis ins Frühmittelalter zurückreicht, abzuschließen. Nun allerdings ist eine etwas längere Wegstrecke von gut zehn Minuten vonnöten. Wir gehen dabei über den Herzogshof – rechter Hand erhaschen wir bereits einen Blick auf die durchaus erhabene Silhouette des Doms – zum Neupfarrplatz. Von hier aus zweigt rechts die Gesandtenstraße ab. Wir bleiben auf der Gesandtenstraße, bis wir links in die Obere Bachgasse abbiegen. Jener folgen wir bis zur Bruderhauskirche St. Ignaz. Auf unserem Weg liegt auch die inzwischen profanierte Kreuzkapelle am Bach, deren wunderbares romanisches Portal man zumindest kurz bestaunen sollte. Bei der Bruderhauskirche, im Spätmittelalter Teil einer wohltätigen Bürgerstiftung, biegen wir rechts ab und stehen bereits am Emmeramsplatz. Links von uns befindet sich die heutige päpstliche Basilika St. Emmeram.

Der Platz selbst – auch dieser ist heute in erster Linie den Autos gewidmet – wird rechter Hand durch das Ensemble der Regierung der Oberpfalz geschlossen. Wir wenden uns nun allerdings nicht der weltlichen, sondern der geistlichen Macht zu und erblicken zuallererst einen freistehenden Glockenturm und eine weniger hohe als breite Vorhalle mit mittelalterlicher Bemalung hinter Spitzbogenarkaden. Auch wenn Sie es angesichts dieser etwas unscheinbaren Eingangssituation vielleicht nicht glauben wollen – wir sind nun tatsächlich an einem der ältesten und wichtigsten Sakralbauten Regensburgs, ja sogar Europas angekommen.

Das Kloster erhebt sich dort, wo der Legende nach der bereits erwähnte frühchristliche Heilige Emmeram, neben Rupert und Erhard der dritte Wanderbischof, der mit Regensburg verbunden ist, begraben wurde. Emmeram war am Hof des bayerischen Herzogs Theodo I. um 650, also noch einige Jahrzehnte vor Erhard und Rupert, tätig. Im Gegensatz zu Bischof Rupert, der nach seinen Regensburger Jahren noch zum Bistumsheiligen Salzburgs aufsteigen konnte, erging es Emmeram in Regensburg allerdings weniger gut. Als Beichtvater von Theodos Tochter Uta erfuhr er von ihr, dass sie ein uneheliches Kind erwartete. Er riet ihr dazu, ihn selbst als Vater zu benennen, und brach zu einer bereits lange zuvor geplanten Pilgerreise nach Rom auf. Nachdem Uta allerdings ihrer Familie die Schwangerschaft

gestanden und Emmeram als Vater benannt hatte, brach ihr Bruder Lantpert im Furor auf, um den Bischof einzuholen und seiner vermeintlich gerechten Strafe zuzuführen. Dies gelang ihm bei Kleinhelfendorf in der Nähe Münchens. Dort fand der Heilige an eine Leiter gebunden einen grausamen Märtyrertod. Ihm wurden nach und nach sämtliche Gliedmaßen abgeschnitten, bis er schließlich seinen – gnädigen? – Tod durch Enthauptung fand.

Da es nach dem Tod Emmerams vierzig Tage lang nicht aufhörte zu regnen, erkannte Theodo seinen schrecklichen Fehler und ordnete an, den vermeintlichen Lustmolch in Regensburg begraben zu lassen. Das Boot, das seinen Leichnam transportierte, soll dabei stromaufwärts die Donau entlang geschwommen sein und kam bei einer Georgskirche vor den Toren der Stadt zum Stehen. Hier wird sich bald darauf das nach dem Heiligen benannte Kloster erheben.

Sie werden bereits an dieser kurzen Zusammenfassung der Geschichte erkannt haben, dass sie mehr Ungereimtheiten besitzt, als echte Zusammenhänge, sodass sie getrost ins Reich der mittelalterlichen Fabulierkunst rund um prominente Heiligenviten verbannt werden kann.

Die äußeren Rahmenbedingungen dürften allerdings nichtsdestotrotz stimmen: Emmeram wirkte in der zweiten Hälfte des 7. Jahrhunderts am Hof Herzog Theodos, er wurde bei einer Georgskirche vor den Mauern der Stadt begraben und aus dieser Keimzelle erwuchs wenig später ein Kloster samt Wallfahrt zu den Gebeinen des heiligen

Mannes. Eine Vita, die den Leidensweg des Heiligen beschreibt, wurde von Bischof Arbeo von Freising gut hundert Jahre nach dem Tod Emmerams um 750 verfasst.

Das Benediktinerkloster wuchs rasch zu einem Ort von immenser Bedeutung für die Regensburger Sakraltopografie heran. Über 200 Jahre war der Vorsteher des Klosters gleichzeitig auch Bischof von Regensburg. Erst der heilige Wolfgang, auch er wird in St. Emmeram besonders verehrt, trennte 975 die Abtwürde vom Bischofsamt. Nur drei Jahre zuvor war St. Emmeram zum Reichskloster erhoben worden und damit de facto von städtischen oder bayerischen Belangen unabhängig geworden. 1295 wurde es endgültig reichsunmittelbar.

Um 1000 entwickelte sich die Abtei – neben dem Bodenseekloster Reichenau – zudem zu einem der wichtigsten Zentren der Buchmalerei in Deutschland. Hier entstanden unter anderem das Sakramentar Heinrichs II. und der Uta-Codex. Ersteres – dies zeigt die schwierige Position Regensburgs unter dem ottonischen Herrscher an – wurde von Heinrich II. seinem neuen »Lieblingskind«, dem frisch gegründeten Bistum Bamberg, geschenkt. Heute befinden sich beide Preziosen der Regensburger Buchmalerei infolge der Säkularisation im Besitz der Bayerischen Staatsbibliothek in München.

Wenn wir nun durch das Portal in den Bereich des Klosters treten, stehen wir in einem geräumigen Außenbereich, den zahlreiche Grabmäler zieren. Die regionale Forschung verortet genau in diesem Bereich die ehemalige Pfalz, die Arnolf von Kärnten

vom Herzogshof in das Umfeld von St. Emmeram verlegt hatte. Auch dies ist nicht zuletzt ein Zeichen der Wichtigkeit des Klosters im städtischen Gefüge.

Exemplarisch betrachten wir im Vorgarten das Grabmal des bayerischen Gelehrten Johann Georg Turmair, der sich nach der latinisierten Form seiner Geburtsstadt Abensberg »Aventinus« nannte. Nach einer erfolgreichen Zeit als Humanist am bayerischen Hof – ihm verdanken wir mit den bayerischen Annalen eine Geschichtsquelle ersten Ranges – ließ er sich am Ende seines Lebens in Regensburg nieder und fand in St. Emmeram seine letzte Ruhestätte. Die künstlerisch wertvolle Renaissancegrabplatte zeigt ihn als Gelehrten, ganz so wie er wohl auch im Leben anzutreffen gewesen sein dürfte: mit sinnierender Miene und einem Buch.

In der zweischiffigen Vorhalle stoßen wir auf Meisterwerke der frühen romanischen Portalplastik. Die Kalksteinreliefs zeigen mit feierlichem, statuarisch-unbewegtem Gestus den thronenden Christus im Zentrum umgeben von Abt Reginward, dem mutmaßlichen Bauherren des Portals, dem namensgebenden heiligen Emmeram und dem heiligen Dionysius. Wenn wir die rechte der beiden zentralen Eingangstüren nehmen, stehen wir im mächtigen westlichen Querhaus. Hier bietet sich uns trotz zahlreicher späterer Umgestaltungen vielleicht der stärkste Eindruck von der einstigen Größe und Macht der Anlage.

Unter dem westlichen Chor entstand gegen die Mitte des 11. Jahrhunderts eine Hallenkrypta, die die Gebeine des heiligen Wolfgang und des heiligen Dionysius von Paris

Eine Ringkrypta sollte im Mittelalter den reibungslosen Pilgerverkehr ermöglichen.

aufnehmen sollte. Allerdings ist es mehr als fragwürdig, ob wirklich die Gebeine des französischen Heiligen ihren Weg nach Regensburg fanden. Mit mehr Recht reklamiert diese der nach dem Heiligen benannte Gründungsbau der westlichen Gotik, Saint Denis, für sich.

Der heilige Wolfgang ist hingegen wirklich von herausragender Bedeutung für das Kloster und die Stadt. Im Jahr 972 wurde er zum Bischof von Regensburg geweiht. Durch seine Zustimmung zur Abtrennung der böhmischen Gebiete aus seinem Bistum konnte das Bistum Prag eingerichtet werden. Schließlich entkoppelte er 975 die Abtwürde von St. Emmeram vom Amt des Regensburger Bischofs und machte damit den Weg zu einer stärker ausdifferenzierten Sakrallandschaft mit mehreren Herrschafts- und Einflussbereichen frei. In St. Emmeram folgte ihm der ebenfalls bis heute hier verehrte Abt Ramwold nach. In den letzten Jahren seines Lebens übernahm Wolfgang die Erziehung des bayerischen Herzogssohns Heinrich – es ist eben jener Heinrich, der später als Heinrich II. den Kaiserthron besteigen sollte.

Die Wolfgangskrypta, eine Hallenkirche mit Rundnischen, beherbergt bis heute die sterblichen Überreste des Heiligen. Der prunkvolle Wolfgangsschrein ist allerdings deutlich ein Werk des Historismus des 19. Jahrhunderts. Trotzdem ist die Wirkung dieses inzwischen fast tausend Jahre alten kleinen Kirchenbaus immer wieder bemerkenswert. Die zum Teil profilierten Kapitelle der Säulen laden hier ebenso zum Verweilen und Staunen ein, wie die tiefe und tatsäch-

lich kaum von Touristen gestörte Andacht, die über dem Raum liegt.

Die Wolfgangskrypta ist nicht die einzige Krypta aus dem frühen und hohen Mittelalter, die es in St. Emmeram zu besichtigen gibt. Sie ist allerdings die einzige, die ohne Führung zugänglich ist. Aus der Frühzeit des Klosters im 8. Jahrhundert stammt die Ringkrypta, die um den Ostchor herumführt. Allein das Vorhandensein einer solchen Anlage deutet auf eine kultische Verehrung der Reliquien Emmerams bereits in der Erbauungszeit hin. Eine Ringkrypta konnte deutlich mehr Pilger an die Gebeine des Heiligen heran- bzw. vorbeiführen als eine kleine unterirdische Halle wie beispielsweise die Wolfgangskrypta. In der Emmeramskrypta finden sich bis heute Spuren der ornamentalen karolingischen Bemalung in sogenannter Flechtbandornamentik. Gegen 980 wurde an die Ringkrypta eine weitere Krypta für die Gebeine des ersten Abtes ohne Bischofswürde, Abt Ramwold, angebaut. Diese hat allerdings durch eine tiefgreifende Umgestaltung 1775 ihre historische Gestalt weitgehend eingebüßt.

Hinweise auf die Bedeutung der Abtei im Frühmittelalter finden sich im frei zugänglichen Bereich der Kirche allerorten – auch wenn das Antlitz der Kirche seit ihrer Renovierung durch die Brüder Asam in den äußerst eleganten Formen des bayerischen Barock daherkommt. So sehen wir beispielsweise an zentraler Stelle im Deckengemälde des Mittelschiffs den heiligen Emmeram – kenntlich gemacht an seinem Marterwerkzeug, der Leiter. Auch die Bilder über den Arkaden des Mittelschiffs sind der Lebensgeschichte und den Wundern Emmerams gewidmet.

An die glorreiche Geschichte der Regensburger Buchmalerei erinnert die Figur des Abtbischofs Tuto an der Nordwand des Mittelschiffs. Tuto war Bischof und zugleich Abt von St. Emmeram – von 893 bis 930. Er war Abt zu jener Zeit, als Kaiser Arnolf von Kärnten dem Kloster den Codex Aureus, der seither nach St. Emmeram benannt ist, zum Geschenk machte. Jener karolingische Codex aus der Hofschule Karls des Kahlen wirkte am Anfang als Blaupause für die im Entstehen begriffene Emmeramer Buchmalerei. Folgerichtig trägt Tuto in seiner Asam'schen Gestalt auch den Codex Aureus mit seinem kostbaren, edelsteinbesetzten Einband in den Händen. So ist der Codex Aureus wenigstens als Abbild noch in St. Emmeram erhalten – die echte Preziose wanderte im Zuge der Säkularisation an die Bayerische Staatsbibliothek.

Beim Gang durch die Kirche begegnen wir auch zahlreichen Grabmälern prägender historischer Gestalten des Frühmittelalters. Sie ergeben zusammen regelrecht ein memorialkulturelles Who is Who des frühmittelalterlichen Bayern: Die Gräber Kaiser Arnolfs und seines Sohnes Ludwigs des Kindes im Bereich des Chors sind heute nur durch barocke Inschriften zu identifizieren. Dafür finden wir im nördlichen Seitenschiff das anmutig schöne Grabmal der seligen Hemma (gest. 876), der Gemahlin Ludwigs des Deutschen. Zwar stammt das Grabmal selbst aus der Zeit der Gotik (um 1280), es vermittelt jedoch bis heute eine Ahnung, wie künstlerisch bedeutend St. Emmeram im gesamten Mittelalter

gewesen sein muss. Auch der Vater Kaiser Heinrichs II., Heinrich der Zänker, fand in St. Emmeram, ebenfalls im nördlichen Seitenschiff, seine letzte Ruhestätte. Nicht weit davon entfernt steht die Tumba Herzog Arnolfs von Bayern (gest. 937), die durch eine Inschrift bezeichnet wird. Diese kurzen Zeilen können selbstverständlich nur einen rudimentären Eindruck der reichhaltigen Ausstattung der Kirche vermitteln, die tatsächlich über mehr als ein Jahrtausend hinweg gewachsen ist. Sie werden beim Schauen und Staunen mit offenen Augen noch zahlreiche weitere Spuren der Geschichte dieser vielleicht bedeutendsten Kirche Regensburgs finden.

Bevor wir St. Emmeram verlassen, wenden wir uns allerdings in der Vorhalle noch einmal nach rechts. Dort führt eine Tür in ein weiteres Kirchengebäude, das sich an die Nordmauer der Klosterkirche anlehnt. Wir stehen – verwirrend genug! – jetzt in der im 11. und 12. Jahrhundert errichteten und im 15. Jahrhundert architektonisch umgestalteten Pfarrkirche St. Rupert, die einst als »Leutkirche«, also als Kirche für das Volk, direkt anschließend an die verehrte Klosterkirche, diente. Sie ist Rupert geweiht, eben jenem Heiligen, dem wir auf unserer Tour bereits begegnet sind. Der schöne Hochaltar aus barocker Zeit ruft uns noch einmal eine wichtige Begebenheit aus der frühmittelalterlichen Geschichte in Erinnerung: Der heilige Rupert tauft den bayerischen Herzog Theodo. Wir sind also wieder am Beginn unserer Reise angekommen – schließlich soll die einstige Taufkapelle des Herzogs die Keimzelle für die Alte Kapelle am Kornmarkt gewesen sein.

Tipps für Zwischendurch (s. S. 218)

Bei so vielen Namen und so viel gebauter Geschichte in Form von Kirchen haben Sie sich eine ausgedehnte Kaffeepause wirklich mehr als redlich verdient! Je nachdem, ob Sie die Pause vor oder nach der Besichtigung von St. Emmeram ansetzen, können Sie sich entweder im Bereich der Gesandtenstraße versorgen – hier finden Sie mehr als genug Gelegenheiten – oder gleich am Alten Kornmarkt bleiben.

Sollten Sie sich für das zweite Modell entscheiden, stehen Ihnen gleich mehrere Alternativen nebeneinander zur Verfügung. Wenn Sie sich für das Konditorei-Café *Orlando di Lasso* entscheiden, haben Sie Gelegenheit, in das alte Regensburg einzutauchen. Das nach dem großen Renaissance-Komponisten am bayerischen Hof benannte Café kann beim besten Willen nicht als »Lounge« bezeichnet werden und bietet einen wunderbaren Freisitz im ersten Stock mit Blick auf die Alte Kapelle. Beliebig und zeitgeistig ist hier nichts – dafür schmecken die selbst gemachten Kuchen umso besser.

Während das *Orlando di Lasso* immerhin auf eine hundertjährige Familientradition zurückschaut, ist im *Café La Chapelle* nebenan nur das Gebäude historisch. Trotzdem sitzt man hier inmitten einer gotischen Hauskapelle mit Rippengewölbe natürlich vorzüglich. Im Sommer genießt man seinen Kaffee (oder die hervorragenden Frühstückvariationen) gerne auch draußen und beobachtet das Treiben auf dem Alten Kornmarkt.

Wer sich weder in der Konditorei noch in der Hauskapelle heimisch fühlt, hat ebenfalls noch die Wahl: Im *Caffè Rinaldi* geht es italienisch zu, in der *Cupcakery* kommt der namensgebende Cupcake in allen auch nur erdenklichen Varianten zu seinem Recht und inmitten der Autos kann man sich auch einen dem Vernehmen nach formidablen Döner aus einer dauerhaft hier aufgestellten Holzbude genehmigen.

Ein Bogen verbindet den Herzogshof mit dem wittelsbachischen Wohnturm, der im Volksmund bis heute »Römerturm« genannt wird.

Tipps für alle, die vom Frühmittelalter nicht genug bekommen können (s. S. 218)

Wer von Kirchen mit frühmittelalterlicher Bausubstanz immer noch nicht genug hat, kann den Rundgang um zwei zusätzliche gewichtige Bauwerke erweitern. Wenige Schritte vom Niedermünster entfernt finden Sie die sogenannte Erhardikapelle. Das Äußere der Kapelle ist eine Schöpfung des Historismus – allerdings mit echter romanischer Bauplastik aus dem Regensburger Schottenkloster. Eindrücklicher und in jedem Fall authentischer ist der Kirchenraum selbst. Schlanke Pfeiler bilden eine kleine Halle, die heute um einiges unter dem Straßenniveau liegt. Eine »Krypta«, wie sie im Volksmund genannt wird, war dieser Kirchenraum des 10. Jahrhunderts allerdings nie.

Wenige Schritte von St. Emmeram entfernt, stoßen Sie auf das Diözesanzentrum Obermünster. Jenes ist nach einem hochbedeutenden – und wie St. Emmeram und Niedermünster reichsfreien – Damenstift benannt. Seine Gründung reicht entweder in die Zeit Tassilos III. oder kurz danach zurück. Die Stiftskirche ist tatsächlich der einzig nennenswerte Kriegsverlust der Regensburger Altstadt. Noch 1945 wurde sie Opfer eines Bombenangriffs. Von der einstigen Kirchenanlage sind heute noch die wuchtigen und imposanten Ruinen des Chorbereichs und ein freistehender romanischer Glockenturm zu sehen. Direkt an die Ruinen lehnt sich heute der Bau der Bischöflichen Zentralbibliothek aus den 1970er-Jahren an.

Sowohl die Erhardikapelle als auch die Ruinen des Damenstifts sind regulär nicht zugänglich. Während man auf das Obermünster durch einen Zaun zumindest einen Blick werfen kann, ist die Kapelle in der Regel verschlossen. Es empfiehlt sich also, sich vor der Besichtigung beim Bistum zu erkundigen, ob eine Öffnung möglich ist. Erfahrungsgemäß stößt man hier nur selten auf taube Ohren.

Der Vollständigkeit halber: Der dritte gewichtige Orte der weiblichen Frömmigkeit, das 983 gegründete Benediktinerinnenkloster Mittelmünster – ehemals nur wenige Schritte vom Obermünster entfernt –, verschwand bereits in der Zeit der napoleonischen Kriege aus der Regensburger Sakraltopografie. Heute zeugt im Stadtraum nur noch ein Nebengebäude beim Peterswegparkhaus von seiner Existenz. Immerhin ist es nun möglich, in diesem Gebäude (Obermünsterstraße 14) rauschende Partys zu feiern – zumindest soll der Name des Clubs *Rauschgold* wohl eben dies andeuten.

Die Erhardi-Kapelle ist einer der faszinierendsten Sakralräume des an Kirchen sicherlich nicht armen Regensburgs.

3. Boomtown des Mittelalters oder Die Stadt der Türme

»Die Stadt wird in drei Teile geschieden. Sieh dort im Osten die große Pfalz! Hier ist der Wohnsitz der Kaiser, dort erhebt sich die mächtige königliche Halle. [...] Daher heißt jener östliche Bezirk, der sich von der Donau bis zur südlichen Stadtgrenze erstreckt [...] der königliche Bezirk. Westlich davon erblickst du [...] zunächst ein großartiges Gotteshaus; es ist der Dom, die Kirche des Bischofs [...]. Dieser zweite Bezirk wird von Geistlichen und ihren Beamten sowie von Klosterhandwerkern und einigen Kaufleuten bewohnt, er heißt daher der geistliche Bezirk. [...] Die Neustadt heißt Ratispona, weil hier Schiffe mit Waren aus der ganzen Welt im Hafen anlegen. Dieses Gebiet um den weiten Klosterbezirk von St. Emmeram ist dicht mit Kaufleuten besiedelt; es ist sehr reich und heißt der Kaufmannsbezirk.« Translatio Sancti Dionysii, um 1050, evtl. von Otloh von St. Emmeram verfasst

Die Entwicklung, die der Chronist im 11. Jahrhundert geradewegs hellsichtig beschreibt, sollte sich während des gesamten Mittelalters in Regensburg noch weiter zuspitzen. Aus der Stadt der bayerischen Herzöge war, wie wir bereits gesehen haben, im Verlauf des Frühmittelalters eine königliche Stadt geworden. Herzog- und Königtum blieben in der Stadt präsent. Auch die geistliche Macht grenzte sich im Verlauf des Mittelalters immer stärker von der weltlichen Herrschaft ab. Der Bischof hatte seinen eigenen Hof, den er natürlich grundsätzlich für überlegen hielt. Allerdings sind es weder Herzöge noch Könige und Kaiser und schon gar nicht Bischöfe, Äbte und Äbtissinnen, die geradewegs sinnbildlich für die goldene Zeit Regensburgs vom 11. bis ins 13. Jahrhundert stehen, sondern die in der *Translatio* zuletzt genannte Gruppe – die Kaufleute.

Aus einem wichtigen Zentrum der Herrschaft, einem befestigten Ort mit mehr oder weniger klar umrissenen Teilnehmern im Spiel um die Macht war im Laufe der Jahrhunderte ein Handelsumschlagsplatz von internationaler Güteklasse geworden.

Diese Entwicklung hatte Regensburg vor allem seiner Lage an der Donau zu verdanken. Durch den Fluss war die Stadt mit halb Europa – bis zum Schwarzen Meer! – verbunden. Gerade der Fernhandel mit kostbaren Waren aller Art, von Gewürzen bis hin zu feinsten Stoffen, blühte. In der Fondaco dei Tedeschi, der Handelsniederlassung des Reichs in Venedig, spielte Regensburg zusammen mit Nürnberg die herausragende Rolle als Handelsstadt. Es sollte bis ins 15. Jahrhundert dauern, bis Regensburg diesen Status als Handelsgroßmacht nahezu vollständig verlieren würde.

Der malerische Innenhof des Hauses der reichen Kaufmannsfamilie Runtinger

Einstweilen jedoch waren die Kaufleute die aufstrebende Macht im städtischen Gefüge. Es bildete sich eine neue Oberschicht mit Familiennamen, die allesamt bis heute auf die ein oder andere Weise in Regensburg präsent sind: Die Zant, Thundorfer, Gravenreuter und Runtinger dürften davon die bekanntesten sein. Das mächtige Zanthaus in der Gesandtenstraße beherbergt heute Wohnungen, mehrere Cafés und Restaurants sowie ein Museum für Industriekultur, den Thundorfern ist eine der wichtigsten Straßen Regensburgs – an der Donau entlang vom Donaumarkt bis zum Arnulfsplatz – gewidmet, nach den Gravenreutern ist eine beliebte Wein- und Bierstube benannt und das Runtingerhaus beherbergt diverse denkmalpflegerische Einrichtungen und nicht zuletzt den *Historischen Verein für Oberpfalz und Regensburg.*

Mit dem Reichtum der Kaufleute veränderte sich zusehends auch das Stadtbild. Waren vorher vor allem die Sakralbauten prägend, nahmen nun ebenso die Häuser der Kaufleute immer breiteren Raum ein. Es hat sich in der Kunstwissenschaft eingebürgert, diese Wohn- und Geschäftshäuser als »Patrizierburgen« zu bezeichnen. Diese Benennung ist allerdings eher bildlich denn wörtlich zu verstehen. Die einflussreichen Handelsfamilien bildeten einen neuen Stadtadel, der den römischen Patriziern der Antike nicht unähnlich war. Die Häuser der Handelsherren wiederum waren mit einem sichtbaren Symbol ihrer Macht versehen – mit hohen und wuchtigen Wohntürmen.

Türme allerorten – und beileibe nicht nur Kirchtürme

Ob diese Wohntürme ein direktes Resultat des Umgangs der Regensburger »Upper Class« mit der italienischen Kaufmannselite waren und Regensburg sich also mit Fug und Recht als deutsches San Gimignano fühlen kann, ist tatsächlich heute eher umstritten. Regional jedenfalls würde eine Imitation des Hochadels und seiner Sitze – der Burgen – mindestens genauso viel Sinn machen. Schließlich war auch der Bergfried, also der zumeist als eigenständiges Bauteil stehende Turm einer Burg, ebenso sehr Ausdruck der Wehrhaftigkeit des Adelssitzes wie ein Zeichen der Macht seiner Besitzer. Insofern trifft der Begriff der »Patrizierburg« das Phänomen der neuen Herrschaftssitze der Regensburger Handelselite zumindest im übertragenen Sinne ganz gut – ohne dass es sich dabei wirklich um Wehrbauten handeln würde. Selbiges gilt für die Benennung der Türme als »Geschlechtertürme«, ein Terminus, den man vor allem in der Literatur über die großen patrizischen Wohnbauten in Italien, insbesondere in der Toskana, findet. Tatsächlich empfanden sich auch die Familien der neuen Regensburger Elite, ähnlich wie die großen Handelsdynastien Italiens, als die kommenden Geschlechter der Stadt.

Zum Zentrum der Stadt der Kaufleute wurde fast folgerichtig ein Platz, auf dem Handel getrieben wurde. Der Haidplatz mit seinen prächtigen Patrizierburgen bildet auch heute noch das Kernstück der Regensburger Altstadt. Allein der Markt ist inzwischen – außer in der Weihnachtszeit – auf den benachbarten Bismarckplatz umgezogen.

Natürlich war der Kampf um die Stadtherrschaft mit dem Erstarken des Handels noch längst nicht vorbei. Weder der Bischof noch die Herren Bayerns wollten ihren Einfluss in Regensburg kampflos an die Emporkömmlinge aus den Kaufmannsfamilien abgeben. Gegen Ende des 12. Jahrhunderts zeichnete sich allerdings allmählich eine Lösung im Ringen um die Vorherrschaft ab: Der staufische Kaiser Friedrich Barbarossa, der von Regensburg aus auch auf den Dritten Kreuzzug ins Heilige Land aufbrach, setzte Heinrich den Löwen, seinen welfischen Konkurrenten, als bayerischen Herzog ab. An Heinrichs Stelle regierten in Bayern nun treue kaiserliche Gefolgsleute, die den Herrschern im Reich in Bayern schon länger als Pfalzgrafen, also als kaiserliche Stellvertreter, gedient hatten. Allerdings war 1180, als Otto I. zum Herzog ernannt wurde, nun wirklich noch nicht klar, welch steile Karriere seiner Familie bevorstehen sollte. Das Schicksal Bayerns blieb bis in die Weimarer Republik untrennbar mit Ottos Familie, nämlich dem Haus Wittelsbach, verbunden.

Die Wittelsbacher – gewiefte Machtpolitiker par excellence – witterten allerdings nach dem plötzlichen Tod Barbarossas 1190 politische Morgenluft. Die uneingeschränkte Herrschaft über Regensburg war zum Greifen nah. Dies wiederum versetzte die Geistlichkeit in Aufruhr. Es sah bald nach dem Sieg der einen, dann nach dem Sieg der anderen Partei aus – bis König Philipp 1207 die Handelstreibenden mit weitgehenden Privilegien ausstattete und Kaiser Friedrich II. Regensburg 1245 zur Freien Stadt erhob. Damit konnten die Bürger ihren Bürgermeister, ihren Stadtrat und die hochrangigen städtischen Beamten selbst wählen. Nun hatte also tatsächlich die reiche Bürgerschaft, nicht das Haus Wittelsbach und nicht der Bischof, die Stadtherrschaft errungen. Dem wirtschaftlichen Boom der Stadt waren keine Grenzen mehr gesetzt – bis sich im Spätmittelalter die gesellschaftlichen und ökonomischen Bedingungen so änderten, dass eine Krise nahezu unausweichlich war.

Rundgang durch das hochmittelalterliche Regensburg der Brücken und Türme

Wir beginnen unseren Rundgang an einem Bau, der selbst zum Symbol der Handelsmacht Regensburgs geworden ist – der **Steinernen Brücke (Station 3.1).** Sie war Zeichen für den Handel und zugleich seine Bedingung; mit dem einzigen befestigten Donauübergang weit und breit kam Regensburg auch verkehrsstrategisch eine Ausnahmerolle in der Region zu. Im Jahr 1135 wurde mit dem Bau der Brücke begonnen. Kaum mehr als zehn Jahre später war sie bereits vollendet.

Allein die blanken Zahlen zeigen, dass es sich hier um eine gar nicht hoch genug einzuschätzende ingenieurstechnische Meisterleistung des Mittelalters handelt: Die Brücke überspannt mit ihren 16 Bögen 350 Meter. Die Bögen stehen dabei auf steinernen Schiffchen, sogenannten Beschläch-

ten, in der Donau. Sie war politisch immer wieder umkämpft. Durch einen Erlass Kaiser Friedrich Barbarossas konnte sie zollfrei genutzt werden – was sicher im Sinne der handelstüchtigen Bürgerschaft war. Erst weit später im 14. Jahrhundert wurden auf einzelnen Waren Zölle erhoben, in der Frühen Neuzeit dann schließlich auch eine Maut.

Bis heute zeigen uns zahlreiche ältere Kunstwerke mit der charakteristischen Stadtsilhouette Regensburgs das ursprüngliche Aussehen der Brücke. Gerahmt wurde sie von zwei Tortürmen. Über dem zwölften Pfeiler, also näher an der Stadtamhofer Seite, befand sich ein weiterer Turm. Heute ist nur noch der südliche Brückturm auf der Stadtseite erhalten. Den wohl schönsten Blick auf die Stadt erhaschen wir, wenn wir die Brücke von Stadtamhof aus betreten. Hier eröffnet sich das Panorama der Stadt mit ihren mittelalterlichen Türmen und der erst im 19. Jahrhundert vollendeten Doppelturmfassade des Doms.

Was auf der Brücke als Erstes in Auge sticht und was uns vielleicht sogar erst einmal irritiert, ist ihre Neugestaltung, die 2018 nach über acht Jahren Bauzeit abgeschlossen wurde. Diese war vor allem aufgrund der Verkehrsbelastung in der Nachkriegszeit dringend notwendig geworden. Tatsächlich wurde die Brücke bis in die späten 1990er-Jahre vollständig befahren und auch danach noch bis 2008 regelmäßig von Bussen und Taxis genutzt.

Man entschied sich im Zuge einer umfassenden Brückensanierung, dem Bauwerk eine beton nüchterne Granithülle zu verpassen.

*Die Steinerne Brücke galt im Mittelalter als
neues Weltwunder und beeindruckt noch heute
mit ihrer ingenieurstechnischen Raffinesse.*

So präsentiert sich die Brücke sowohl an der Brüstung als auch am Boden nun in einem gelb-grauen Ton. Von der heimeligen Anmutung des Kopfsteinpflasters, das Einheimische und Touristen vor der Sanierung kannten, ist heute nichts mehr geblieben. Dies muss allerdings kein Nachteil sein. Statt, wie im 19. und frühen 20. Jahrhundert üblich, den historischen Charakter durch eine bewusst eingesetzte anachronistische Materialität zu betonen, zeigt die neue Gestaltung deutlich an, was sie ist – ein Produkt des 21. Jahrhunderts.

Von der Gestaltung unberührt blieben die Beschlächte, die Bögen und auch der reiche – und größtenteils von oben nicht sichtbare – Skulpturenschmuck. Von diesen Bauzierden hat das sogenannte Bruckmandl besondere Berühmtheit erlangt. Das Bruckmandl, also der kleine Brückenmann, sitzt auf einem steilen Dach und richtet den Blick in die Ferne. In seiner heutigen Ausführung ist das Bildwerk ein Produkt des 19. Jahrhunderts. Allerdings imitiert es eine bereits im Mittelalter angebrachte Figur.

Das Männchen dürfte seit jeher die Freiheitsrechte der Stadt – vor allem gegenüber dem Bischof – symbolisiert haben. Allerdings verknüpft eine alte Sage die Figur mit der Erbauung der Brücke. Demnach soll es sich um ihren Erbauer handeln, der Ausschau nach dem Dom hält. Der Brückenbaumeister habe eine Wette mit dem Dombaumeister abgeschlossen: Er würde seine Brücke schneller vollenden können, als sein Wettpartner den Dom. Wie auch einem anderen literarischer Regensburgrei-

senden – Doktor Faustus (s. S. 28f.) – sei ihm dabei der Leibhaftige selbst zu Hilfe gekommen. Der Baumeister schloss einen Pakt mit dem Teufel, der als Gegenleistung für die Fertigstellung der Brücke die ersten drei Seelen, die über die Brücke gehen würden, verlangte. Der kluge Brückenbaumeister ließ allerdings einen Hahn, eine Henne und einen Hund über die Brücke jagen. Der Teufel war – verständlicherweise – über diese List derartig erbost, dass er versuchte, die Brücke zu zerstören. Seither trage sie in der Mitte einen Buckel.

Dass zwischen der Erbauung der Brücke und dem Baubeginn des Doms mehr als hundert Jahre liegen, dämpft leider die Begeisterung an dieser Geschichte, die nichtsdestotrotz zum festen Repertoire jeder Stadtführung gehört. Schließlich blickt das Bruckmandl, in dieser Variante der Brückenbaumeister, ja auch tatsächlich zum Dom, um zu überprüfen, wie weit denn der Kollege mit seinem Bau bereits ist.

Je näher wir der Altstadt kommen, desto deutlicher sehen wir vor uns ein Ensemble von mehreren Gebäuden am Brückenkopf: das mittelalterliche Brücktor, das von uns aus links vom reichsstädtischen Salzstadel und rechts vom Amberger Salzstadel gerahmt wird. Auf der Nordseite des Turms des Brücktors befinden sich heute drei Figuren, die ursprünglich aber vom abgegangenen mittleren Brückenturm stammen. Es handelt sich um Herrscherbildnisse, deren Zuordnung in der Forschung durchaus nicht unumstritten ist. Die übliche Deutung geht davon aus, dass wir in der Mitte Kaiser

Das Bruckmandl hält Ausschau – wirklich nach dem Dom oder nicht etwa doch nach den zahlreichen vorbeiflanierenden Touristengruppen?

Friedrich II. sehen, der von König Philipp von Schwaben und seiner Gemahlin Irene gerahmt wird. Stimmt diese Zuordnung, dann haben wir hier – an exponierter Stelle, sozusagen am Eingang Regensburgs – ein dezidiert reichsstädtisches Programm vor uns. Friedrich II. verlieh, wie wir bereits wissen, der Stadt 1245 ihre Privilegien, Philipp von Schwaben wiederum sicherte der Stadt 1207 die entscheidenden Rechte an der Brücke zu.

Unsere erste Anlaufstation auf der Stadtseite ist von uns aus linker Hand das **Besucherzentrum Welterbe (Station 3.2)** im Reichsstädtischen Salzstadel. Dort, wo einst das Salz gelagert wurde, können die Besucher nun kostenlos einen ersten Überblick über die reiche Geschichte der Stadt gewinnen. Inmitten des historischen Gebäudes aus dem 17. Jahrhundert – im Erdgeschoss mit steinernen Pfeilern, in den anderen Geschossen mit einer ausgetüftelten Holzkonstruktion versehen – wird der Besucher mittels einer modernen Museumspräsentation und kleinerer Objekte aus dem *Historischen Museum* auf den Besuch des Welterbes, also der gesamten Altstadt, eingestimmt. Auch wer auf seinem Rundgang keine Zeit für einen Museumsbesuch eingeplant hat, sollte hier einen Blick hinein riskieren. Da sich die Leser dieses Reiseführers natürlich viel Zeit für die Geschichte Regensburgs nehmen werden, sollte der Besuch dieses bis dato modernsten Museums der Stadt – abgesehen von seinem großen Bruder, dem *Museum der Bayerischen Geschichte* – Pflicht sein.

Direkt östlich an das Welterbezentrum schließt eine weitere berühmt-berüchtigte Sehenswürdigkeit an: die **Wurstkuchl (Station 3.3)**. Das heutige Gebäude entstand nach der Errichtung des Salzstadels. Es ersetzt die mittelalterliche Garküche, die dem großen Neubau des 17. Jahrhunderts weichen musste. Die kleine Garküche streitet sich heute mit der Reichsstadt Nürnberg um den Titel der besten und ältesten Bratwursttradition. Ob die Arbeiter der Steinernen Brücke im 12. Jahrhundert wirklich schon ausschließlich mit Bratwürsten verpflegt wurden, darf man allerdings getrost bezweifeln. Trotzdem pilgern im Sommer Horden von Touristen an das Ufer der Donau, um sich hier – sozusagen historisch gestimmt – mit Bratwürsten, Sauerkraut und Kümmelkipferln zu verpflegen.

Etwas weniger legendär ist das letzte Gebäude des Brückenensembles. Der **Amberger Salzstadel (Station 3.4)** ersetzte im 16. Jahrhundert ein spätmittelalterliches Lagerhaus der bayerischen Herzöge. Jenes diente für die Lagerung des Salzes, das nach Amberg transportiert wurde. Amberg, die einstige Hauptstadt der Oberpfalz, war während des gesamten Mittelalters einer der Hauptumschlagsplätze für Salz in Süddeutschland. Dass auf dem beschaulichen Flüsschen Vils einmal derartige Massen an Salz transportiert wurden, ist heute allerdings kaum mehr nachzuvollziehen.

Wir verlassen das Brückenensemble und die Donau und machen uns auf in Richtung des zentral gelegenen Haidplatzes. Über die Brückstraße in direkter Verlängerung der Steinernen Brücke erreichen wir in weniger als fünf Minuten die Goliathstraße. Dabei passieren wir das von außen unscheinbare

Im Besucherzentrum Welterbe vernetzt sich Regensburg mit den großen kulturellen Stätten der Erde.

Der reichsstädtische Salzstadel (oben) und sein bayerisches Pendant, der Amberger Salzstadel (unten), auf der anderen Seite des Brückturms

Man wusste zu leben: David gegen Goliath als Fassadenschmuck (oben) und der malerische Innenhof des Hauses Heuport (unten)

Lokal *Irish Harp*, das sich jeden Abend mit Menschen füllt, die handgemachte Live-Musik zu schätzen wissen. Wer also heute Abend noch nichts vorhat, darf sich dieses Lokal gerne notieren – und dann rechtzeitig um einen der begehrten Sitzplätze kämpfen.

Wie das direkt an die Brückstraße anschließende **Goliathhaus (Station 3.5)** zu seinem Namen kam, wird uns schnell klar. Die Fassade wird von einer gewaltigen Wandmalerei dominiert, die den Kampf zwischen David und Goliath zeigt. Die Malerei stammt von Melchior Bocksberger aus den 1570er-Jahren. Bocksberger ist in der deutschen Kunstgeschichte kein Unbekannter. Für kurze Zeit war er gar Hofmaler des bayerischen Herzogs Albrechts V. in München.

Das Goliathhaus ist allerdings weit mehr als eine beliebige (Wand-)Fläche für eine großartige Renaissancemalerei. Es stammt aus dem 13. Jahrhundert und wurde – womit wir wieder beim Thema wären – von der Kaufmannsfamilie der Thundorfer erbaut. Selbstverständlich verfügt es nicht nur über eine Fassadengliederung mit Säulen- und Bogenarchitekturen, sondern auch über einen Geschlechterturm. Bekrönt wird es von Zinnen. Wir sehen hier also zum ersten Mal den klassischen Typus eines Regensburger Bürgerhauses des Mittelalters – repräsentativ und nur vermeintlich wehrhaft, in jedem Fall jedoch der vollkommene Ausdruck des neuen bürgerlichen Standesbewusstseins.

Wenn wir der Goliathstraße weiter folgen, zweigt links der Durchgang zum Watmarkt ab. Unser Blick wird sofort auf einen **siebengeschossigen Turm (Station 3.6)**

gelenkt, der gleichsam paradigmatisch für die verbliebenen Regensburger Geschlechtertürme steht. Der im dritten Viertel des 13. Jahrhunderts erbaute Turm der Bürgerfamilie Baumburger zählt zu den besterhaltenen Patrizierbauten der Stadt. Er bietet den klassischen Aufbau der Regensburger Turmarchitekturen: Im Erdgeschoss befand sich eine Hauskapelle, im ersten Obergeschoss eine – heute vermauerte – offene Loggia, oben schlossen sich weitere Wohn- und Geschäftsbereiche an.

Die heute bei allen Geschlechtertürmen vermauerten, einstmals jeweils offenen Loggien weisen auf eine Entwicklung hin, die weder vom Handel noch von der differenzierten Herrschaftsarchitektur der Stadt herrührt: Es wurde schlicht und ergreifend kalt im späten Mittelalter. Auf eine relativ warme Periode im frühen und hohen Mittelalter folgte um 1400 ein Temperaturabsturz, der zumindest im deutschen Sprachraum offene Loggien weitgehend funktionslos machte.

Vom Baumburger Turm aus gehen wir den Watmarkt weiter, bis wir auf den Krauterermarkt stoßen, der schließlich am Domplatz endet. Hier finden wir ein weiteres Patrizierhaus: das **Haus Heuport (Station 3.7)**, das mit seinem Namen an das abgegangene Heutor erinnert, welches wiederum nach einem benachbarten Heumarkt benannt wurde. Im Kern entstand das Haus im hohen Mittelalter. Die heute prägende gotische Fensterzeile des Hauses wurde allerdings erst im 20. Jahrhundert rekonstruiert. Besonders imposant ist der Innenhof mit einer offenen Treppenhalle in das erste Obergeschoss. Da

Der Goldene Turm ist der höchste der noch erhaltenen Patriziertürme Regensburgs.

das *Haus Heuport* inzwischen als Restaurant genutzt wird, können Sie gerne einen Blick in den Innenhof werfen und, falls Sie mutig oder hungrig sind, auch den imposanten Festsaal im ersten Obergeschoss besuchen, der heute als Gastraum dient. Keinesfalls verpassen sollten Sie die kleine Figurengruppe am Treppenaufgang. Sie zeigt ein junges Mädchen und einen Mann. Der Mann scheint das Mädchen mit einem Apfel zu sich zu locken. Was allerdings nur wir sehen: Hinter seinem Rücken tummelt sich allerlei Ungetier. Der Satan selbst hat also Einzug in das *Haus Heuport* gehalten. Die um 1330 entstandenen Figuren zählen jedenfalls zum Besten, was die profane Plastik in Regensburg zu bieten hat.

Über die fast verwunschen anmutende kleine Kramgasse erreichen wir die Wahlenstraße, das Epizentrum der Handelstreibenden im Mittelalter. Wenn wir die Straße nach links entlangschlendern, stoßen wir bald auf den um 1250 erbauten **Goldenen Turm (Station 3.8)**, den höchsten der Regensburger Geschlechtertürme. Zwar ist der einstige Zinnenkranz heute nicht mehr sichtbar, dafür besitzt der Turm aber an seiner Nord- und Südseite tatsächlich Schießscharten. Auch wenn in der Forschung über die Benutzbarkeit dieser Wehrelemente durchaus diskutiert wurde, dürfen wir davon ausgehen, dass es sich hier nur um eine besonders martialisch wirkende Bauzier handelt.

Regensburg leuchtet – der Haidplatz bei Nacht

Wir beenden unseren Rundgang, indem wir der Wahlenstraße wieder zurück bis zum anschließenden Kohlenmarkt mit dem Alten Rathaus – ein weiteres Patrizierhaus, dem wir uns auf einem anderen Rundgang eingehender widmen werden (s. S. 141ff.) – folgen und dann nach links abbiegen, um bald auf dem **Haidplatz (Station 3.9)** zu stehen. Wer in Regensburg das Mittelalter sucht, und das dürften die meisten tun, hat hier den vielleicht imposantesten Platz der Stadt gefunden. Das mittelhochdeutsche Wort »Haid« deutet auf eine unbebaute Fläche (Heide) hin. In der Tat hat sich der Haidplatz seinen weitläufigen Charakter über die Jahrhunderte hinweg bewahren können. Er wird gesäumt von zahlreichen repräsentativen Patrizierbauten: auf der Nordseite das Goldene Kreuz, gegenüber die sogenannte Arch, im Osten die Neue Waag.

Das Goldene Kreuz mit seinem charakteristischen Geschlechterturm war, wie nicht anders zu erwarten, einst das Heim einer Patrizierfamilie. Seit dem 15. Jahrhundert diente es aber als Nobelhotel der Reichsstadt. Dass hier zahlreiche wichtige und teils auch gekrönte Häupter abstiegen, verrät auch die Inschrift am Geschlechterturm der Patrizierburg. Am bemerkenswertesten ist hier sicherlich der mehrmalige Besuch Kaiser Karls V. im 16. Jahrhundert. Für das Jahr 1546 ist eine Affäre Karls mit Barbara Blomberg, der Tochter eines Regensburger Gürtlermeisters, bezeugt. Das wissen wir deswegen so genau, weil die Frucht dieser Liaison am 24. Februar 1547 geboren wurde. Den Rest erzählt uns die Inschrift am Goldenen Kreuz in der etwas manierierten Diktion des 19. Jahrhunderts:

»Dann draus erwuchs dem Vatter
(= dem Kaiser, Anm. d. Verf.) gleich
Der DON IUAN VON OESTERREICH
Der bei LEPANTO in der Schlacht
Vernichtet hat der Türckhen Macht
Der HERR vergellts ihm allezeit
So ietzt wie auch in Ewigkeit«

Der Sohn, ohne jegliche Wertung im 16. Jahrhundert als uneheliches Kind »Bastard« genannt, wuchs sozusagen unter strenger Geheimhaltung in Spanien, dem Krongut seines Vaters, auf. Erst nach Karls Tod erfuhr er – durch das Testament seines Vaters – von seiner Abstammung. Fortan war er zu einem Leben am Hof seines Halbbruders König Phillip II. bestimmt und durfte sich »Don Juan de Austria«, ganz wie ein »echter« Habsburger, nennen. Berühmtheit erlangte er 1571 durch die Seeschlacht zu Lepanto, dem heutigen Nafpaktos in Griechenland, in der er die osmanische Flotte zurückschlug. Seither trägt der Sohn Barbara Blombergs und Karls V. den heute etwas befremdlich wirkenden Beinamen eines »Türkenbezwingers«. Eine zu Ehren des siegreichen Habsburgers in Messina, dem Anlegehafen nach der Seeschlacht, aufgestellte Bronzestatue Andrea Calamechs befindet sich seit 1978 in Kopie am nahen Zieroldsplatz.

Auch bei der Arch handelt es sich um ein Patrizierhaus, das im Kern im 13. Jahrhundert entstand und ursprünglich der Familie der Gumpelzhaimer gehörte. Durch den

Verlauf der Roten-Hahnen-Gasse, die bis ins 19. Jahrhundert vom Vitus-Bach durchflossen wurde, erhält das Gebäude sein eigenartiges, trapezförmiges Aussehen, das zugleich für seinen Namen verantwortlich ist. Sprich: Die Arch(e) ähnelt einem Schiff.

Auch die imposante Vierflügelanlage der Neuen Waag wurde einst um 1300 als Patrizierburg der Familie Altmann errichtet. Nachdem das Haus im 15. Jahrhundert von der Stadt erworben worden war, wurde aus dem noblen Familiensitz die städtische Waage, also eine Einrichtung, in der das Gewicht der gehandelten Waren gewogen wurde. *Abgewogen* wurden hier ganz prominent auch Worte. Im April 1541 fand in der Neuen Waag zwei Wochen lang ein Religionsgespräch statt. Das »Regensburger Religionsgespräch« unter dem Vorsitz Kaiser Karls V., des späteren Vaters Don Juan de Austrias, sollte Frieden zwischen den katholischen und den neuen protestantischen Reichsständen stiften. Eine Einigung zwischen den Glaubensparteien schien eigentlich fast die gesamte erste Hälfte des 16. Jahrhunderts zum Greifen nah zu sein. Die prominentesten Teilnehmer des Gesprächs waren Martin Bucer und Philipp Melanchthon auf neugläubiger sowie Johannes Eck und der päpstliche Legat Gasparo Contarini auf altgläubiger Seite. Bekanntlich waren trotz großer Annäherungen die Unterschiede zu groß, um den durch die lutherische Lehre aufgeworfenen Graben zwischen den Beteiligten restlos zu schließen.

Den Auseinandersetzungen um den alten und den vermeintlich neuen Glauben werden wir im kommenden Kapitel nachspüren. Der fundamentale Wandel im Alten Reich hatte jedenfalls auch für Regensburg Folgen: Die Stadt bekannte sich – wie viele andere Reichsstädte – im 16. Jahrhundert zum Protestantismus. Dies lässt sich auch als Krisenphänomen deuten. Die Zeit der Stadt als blühende Handelsmetropole war an ihr Ende gekommen.

Ohne das Goldene Kreuz hätte es ihn wohl nicht gegeben – Don Juan d'Austria, der Sieger über die Türken in der Seeschlacht von Lepanto.

Tipps für Genießer (s. S. 219)

Auf unserem Weg kreuzen wir weite Teile der Altstadt. Da es in Regensburg an jeder Ecke Lokale gibt, will Ihnen Ihr kunsthistorischer Reiseleiter hier nur Ziele für die Pause empfehlen, die mit den besichtigten Bauwerken zu tun haben. Sie können aber selbstverständlich Ihre Pause auch – ganz nach eigenem Gusto – in einem der zahlreichen Cafés auf unserem Weg verbringen.

Dort wo einst die Familie Baumburger ihren privaten Gottesdienst feierte, in der Hauskapelle ihrer Patrizierburg, können wir heute unsere Pause feiern – und zwar mit der Köstlichkeit einer fast sagenumwobenen Regensburger Institution. Der *Dampfnudel Uli* bereitet schon seit Jahrzehnten, nomen est omen, Dampfnudeln zu (aber Achtung: von Sonntag bis Dienstag gönnt er sich eine Pause). Diese wunderbar fluffige Hefe-Süßspeise wird traditionell mit Vanillesoße serviert und ersetzt recht locker ein gesamtes Mittagessen. Selbst dieses könnte man aber in der deftigen Variante hier einnehmen – wo Dampfnudeln draufstehen, sind erstaunlicherweise nicht nur Dampfnudeln drinnen.

Im *Haus Heuport* isst man zu jeder Zeit mit Stil. Im Sommer draußen mit Blick auf die Westfassade des Doms, ansonsten bevorzugt im gotischen Saalbau des ersten Obergeschosswes. Ein Geheimtipp ist vor allem das üppige Brunchbuffet an jedem ersten Sonntag im Monat. Wer nur nach einem Kaffee für zwischendrin sucht, findet ihn im Café Goldenes Kreuz, das mit seiner mondänen, weltläufigen Stimmung vielleicht auch heute noch Könige und Kaiser bezaubern könnte.

Sollte Ihnen der Sinn nach einem ausufernden Schlemmerabend stehen, kommen Sie in Regensburg am *Storstadt* im Goliathhaus nicht vorbei. Seit wenigen Jahren betreibt hier Anton Schmaus als einziger Sternekoch der Stadt ein exquisites Restaurant mit einer fantastischen Dachterrasse mit Blick über die gesamte Stadt. Allein der Ausblick dürfte die hundert Euro für ein mehrgängiges Menü wert sein.

Ein mittelalterlicher Wohnturm mit kultigem Innenleben: Der Baumburgerturm beherbergt im Erdgeschoss den legendären Dampfnudel Uli.

Tipps für Kulturinteressierte
(s. S. 219)

Wer statt nach kulinarischen Sternen nach aufgehenden Sternen am Theaterhimmel sucht, könnte ebenfalls im Goliathhaus fündig werden. Das kleine Undergroundtheater im Turm nennt sich sinnigerweise *Turmtheater* und bietet ein ausgefallenes Programm abseits der eingetretenen Klassikerpfade.

»Frische« Kunst und ein ganzes Konglomerat an Kulturinstitutionen finden Sie auch am Haidplatz und zwar im *Thon-Dittmer-Palais.* Das klassizistische Palais ist Sitz des Kulturamts der Stadt, Zentrale der Stadtbibliothek und Freiluftbühne zugleich. Der Arkadeninnenhof zählt im Sommer zu den großen Konzertsälen der Stadt und ist auch im Winter ein architektonisches Erlebnis. Direkt an den Innenhof schließt die gotische Sigismundkapelle – die Hauskapelle des Vorgängerbaus – an, in der regelmäßig wechselnde Kunstinstallationen zu entdecken sind.

So leer sieht man den Innenhof des Thon-Dittmer-Palais nur selten. Im Sommer wird er zur vielleicht schönsten Freiluftbühne der Stadt.

4. Von Bischöfen, Bettelmönchen und Reformatoren oder Das kirchliche Regensburg

»Regensburg liegt gar schön. Die Gegend mußte eine Stadt herlocken, auch haben sich die geistlichen Herrn wohlbedacht. Alles Feld um die Stadt gehört ihnen, in der Stadt steht Kirche gegen Kirche und Stift gegen Stift.« Johann Wolfgang von Goethe, *Italienische Reise*

Dass Regensburg heute vor allem als katholische Stadt wahrgenommen wird, liegt an jenen entscheidenden historischen Wegmarken, welche die Stadt bereits im frühen und hohen Mittelalter passiert hatte. Vor der offiziellen Bistumsgründung waren hier, wie wir auf unserer Tour bereits gesehen haben (s. S. 52ff.), die Wanderbischöfe Emmeram, Rupert und Erhard tätig, 739 wurde Regensburg durch den heiligen Bonifatius zu einem kanonischen bayerischen Bistum und 975 trennte der heilige Wolfgang die Abtwürde von St. Emmeram vom Bischofsamt.

Regensburg ist eine durch und durch christlich geprägte Stadt. Das heißt aber nicht, dass sich die einzelnen Religionsvertreter nicht auch schon im Hochmittelalter, also weit vor der Reformation, misstrauisch beäugt hätten. Mit den Reichsstiften St. Emmeram, Niedermünster und Obermünster hatten die Bischöfe die innerkirchliche Konkurrenz, die ebenfalls über einen beträchtlichen weltlichen Einfluss verfügte, sozusagen im eigenen Haus. Immer wieder versuchten

sie – letzten Endes vergeblich – ihren Einfluss auf die Stifte zu mehren.

Natürlich war den Bischöfen auch die (nun schon bereits mehrfach angesprochene) schwierige Herrschaftskonstellation innerhalb der Stadtmauern ein Dorn im Auge. Im Gegensatz zu den Würzburger Fürstbischöfen oder gar den kurfürstlichen Bischöfen aus Mainz, Trier und Köln herrschte der Regensburger Bischof in seinem Hochstift, also in dem von ihm kontrollierten weltlichen Gebiet, über ein recht disparates Sammelsurium verschiedener Orte. Dies macht schon allein ein Blick auf die drei wichtigsten Herrschaften, die im Laufe des Mittelalters an das Hochstift kamen, deutlich: Mit Donaustauf, Wörth und Hohenburg am Nordgau gehörte Regensburg zu den kleineren Hochstiften des Reiches. Während sich Donaustauf tatsächlich in nächster Nähe zur Bischofsstadt befindet, liegt Wörth einige Kilometer östlich davon und Hohenburg gar mitten im – im Mittelalter immer wieder umstrittenen – Nordgau, also in der heutigen Oberpfalz im Landkreis Amberg-Sulzbach.

Umso prächtiger musste also die Macht-demonstration des Fürstbischofs in Regensburg selbst ausfallen. Der direkt an den Dom anschließende Bischofshof zeugt ebenso von dieser Prachtentfaltung wie die Bischofskirche. Dass deren Bau im Stile der französischen Gotik vor allem auf Initiative der Regensburger Bürgerschaft in Gang kam, tut dem keinen Abbruch. Im Gegenteil: Der bei Baubeginn des Doms amtierende Fürstbischof stammte aus der Familie der Thundorfer. Die Bürgerschaft war also längst einflussreich genug, um in die vormals dem Adel vorbehaltenen Ämter aufzusteigen.

Das spirituelle Klima der Stadt wurde im Mittelalter allerdings nicht nur durch den Bischof und die Reichsstifte geprägt, die ohnehin der weltlichen Machtdemonstration ebenso zugeneigt waren wie der geistlichen, sondern in einem hohen Maße auch von neuen Spielern im Ringen um das Seelenheil der Gläubigen. Zu Beginn des 13. Jahrhunderts erfasste die christliche Welt die Welle der frisch gegründeten Bettelordensgemeinschaften. Diese befolgten die Regeln des mönchischen Zusammenlebens, radikalisierten aber die gängige Praxis: Nicht nur die einzelnen Mitglieder sollten besitzlos leben, sondern auch die Gemeinschaft an sich. Dies war im durchaus prunkliebenden Milieu der großen Benediktinergemeinschaften – St. Emmeram war eine solche – durchaus als Affront anzusehen. Die Lehre traf allerdings einen Nerv und verbreitete sich schnell. Unter den vielen neuen Gemeinschaften setzten sich vier durch und wurden auch offiziell von Rom anerkannt:

Dominikaner, Franziskaner, Karmeliten und Augustiner-Eremiten.

Die beiden größten Gemeinschaften, die Dominikaner und die Franziskaner, fassten auch in Regensburg schnell Fuß. Mit der dominikanischen Kirche St. Blasius und der Minoritenkirche St. Salvator besitzt Regensburg noch heute zwei der größten Bettelordenskirchen Süddeutschlands. Auch berühmte Regensburger Köpfe gingen aus diesen Orden hervor. Der Franziskanermönch Berthold von Regensburg (1210–1272) zählt zu den bedeutendsten Predigern des Mittelalters, der dominikanische Gelehrte Albertus Magnus (um 1200–1280) wurde gar für kurze Zeit Bischof der Stadt.

Berthold von Regensburg predigte durchaus zeittypisch gegen den Frühkapitalismus an, gegen irdische Prachtentfaltung und Eitelkeit – und nicht zuletzt gegen die Juden, die er im Kreis seiner zumeist armen Adressaten als leichtes Feindbild ausgemacht hatte. Auch wenn sämtliche überlieferten Reden nicht von Berthold selbst stammen, sondern spätere Zusammenstellungen sind, ergeben sie das in sich stimmige, für heutige Ohren höchst befremdliche und erschreckende Portrait eines hochmittelalterlichen Predigers, der die Affekte seiner Zuhörerschaft gnadenlos für propagandistische Zwecke zu nutzen wusste. Sein Antijudaismus gipfelt gar in der Vorwegnahme späterer Pogrome: »daz übel ist daz si lebent«.

Der Gelehrte Albertus Magnus kämpfte im Gegensatz dazu rhetorisch eher mit dem Schwert als mit dem Knüppel, doch auch er dürfte als Kreuzzugsprediger, für kurze

Zeit sogar gemeinsam mit Berthold, nicht gerade zimperlich gewesen sein – mit dem Florett jedenfalls operierte keiner der beiden Gottesmänner. Der Dominikaner lebte von 1237 bis 1240 im hiesigen Dominikanerkloster und kam dann, unter anderem nach einer Lehrtätigkeit an der Universität in Paris, gut zwanzig Jahre später als Bischof nach Regensburg zurück. In seinen nicht einmal zwei Jahren als Regensburger Bischof, 1260 bis 1262, ordnete er zwar die schwierigen Verhältnisse im Bistum, größere Spuren konnte er in der Stadt aber kaum hinterlassen. Sein phänomenaler Ruf als Theologe und Lehrmeister Thomas' von Aquin führt indes dazu, dass man sich noch heute gerne daran erinnert, dass er zumindest kurz in Regensburg tätig war.

Die Bettelorden waren nicht die einzigen neuen Bewegungen, die nach Regensburg kamen. Schon mehr als hundert Jahre vor den armen Mönchen hatten sich irische Wandermönche hier niedergelassen. Ihre Kirche wird in Regensburg bis heute »Schottenkirche« genannt, da im Volksmund die irischen Mönche als »Skoten« angesprochen wurden. Von Regensburg aus wurden weitere irischbenediktinische Ordensgemeinschaften in Würzburg, Erfurt, Nürnberg, Konstanz, Wien und Eichstätt gegründet.

Diese ausdifferenzierte Struktur verschiedenster Klöster, Stifte und Kirchen sowie einer großen jüdischen Gemeinde im Bereich des heutigen Neupfarrplatzes geriet wie allerorten im 15. Jahrhundert erheblich ins Wanken. Der böhmische Theologe Jan Hus warf den Nachfolgern Petri Profitgier vor,

das Papsttum selbst war im 14. Jahrhundert von Rom nach Avignon ausgewandert und auf dem Konzil von Konstanz, der bis dato größten Kirchenversammlung aller Zeiten, stritten Gläubige, Potentaten, Papst und Gegenpapst um die Zukunft des institutionalisierten Glaubens. Jan Hus selbst wurde bekanntlich auf eben jenem Konzil trotz zuvor zugesicherten freien Geleits 1415 als Ketzer auf dem Scheiterhaufen verbrannt. Seine Anhänger zogen von Böhmen aus in den Kampf gegen das kirchliche und weltliche Establishment und verheerten weite Teile des Heiligen Römischen Reichs. Alles in allem war die Religion am Ausgang des Mittelalters zu einem Pulverfass geworden, das jederzeit kurz vor der Explosion stand. Es war an einem Erfurter Augustinermönch und Theologen, diese zu Beginn des 16. Jahrhunderts endgültig herbeizuführen.

Die Literatur über diese Umbruchszeiten im 15. und 16. Jahrhundert füllt – zu Recht – ungezählte Regalmeter in den entsprechenden Forschungsbibliotheken. Diesen Phänomenen in einem historischen Stadtführer gerecht zu werden, ist nahezu unmöglich. Deswegen an dieser Stelle nur so viel: D. Martin Luthers Lehren führten, egal ob gewollt oder ungewollt, zu einem politischen Grollen von bis dato nicht gekanntem Ausmaß. Die Fürsten des Reichs teilten sich fortan in Alt- und Neugläubige, religiöse Beweggründe waren nun nicht mehr allein Auslöser von Kämpfen zwischen Christen und sogenannten Ungläubigen, sondern konnten fortan – wie im Dreißigjährigen Krieg – auch zwischen

Links: Die Kirche der Minoriten ist heute Teil des Historischen Museums.

Bild S. 102/103: Der Neupfarrplatz wird im Dezember zum Schauplatz des größten städtischen Weihnachtsmarkts.

Christen verschiedener Konfessionen geführt werden.

Auch für Regensburg bedeutete die Reformation einen entscheidenden Einschnitt. 1542 beschloss der Rat der Stadt, in der Freien Reichsstadt den neuen Glauben einzuführen. Damit war die Stadt des heiligen Wolfgangs protestantisch geworden – nicht aber seine alte Wirkungsstätte. Im Gegensatz zu anderen Städten, die nicht davor zurückschreckten, Klostergut zu säkularisieren, blieben in Regensburg die kirchlichen Besitztümer weitgehend unangetastet. Mochte auch der Rat der Stadt protestantisch geworden sein, die Bürger mussten es deswegen noch lange nicht vollständig sein. Die Herrschaftsbereiche des Bischofs und der Reichsstifte blieben altgläubig.

Der Schritt hin zu den Lehren Luthers dürfte neben theologischen vor allem machtpolitische Hintergründe gehabt haben. Der Rat der Stadt konnte sich so endgültig von der Einflussnahme des Bischofs und des katholischen Herzogs von Bayern absetzen. Die strikte Trennung zwischen den einzelnen Machtsphären führte dazu, dass trotz dieses gewaltigen Schritts kein Kloster in der Stadt aufgelöst wurde. Dem neuen Glauben gewidmet wurden ausschließlich Kirchen, über die der Rat selbst zu verfügen hatte. Die Stiftskirche St. Oswald an der Donau und die Neupfarrkirche dürften hier die bekanntesten Beispiele sein.

Die letztgenannte Kirche steht auch stellvertretend für eines der dunkelsten Kapitel Regensburger Kirchenpolitik. Mit dem Tod Kaiser Maximilians I. 1519 verloren die Ju-

den im Reich ihren Schutzherrn. Die ganze Misere des wirtschaftlichen Niedergangs entlud sich auch im Volkszorn auf die jüdische Bevölkerung Regensburgs. Etwas mehr als einen Monat nach Maximilians Tod beschloss der Rat der Stadt die Vertreibung der Regensburger Juden. Ihr gesamtes Wohnviertel wurde dem Erdboden gleich gemacht, auch die Synagoge – das Herz des jüdischen Regensburgs – wurde zerstört. Der freie Platz, den diese »Säuberungsaktion« hinterließ, ist der heutige Neupfarrplatz.

Anstelle der jüdischen Synagoge wurde eine hölzerne Marienkirche als Zeichen der *ecclesia triumphans*, der siegreichen Kirche, errichtet. Zumindest für kurze Zeit profitierte Regensburg auch finanziell von der Vertreibung der Juden. Nicht nur, dass das Privatvermögen der jüdischen Kaufleute selbstverständlich eingezogen wurde, es entwickelte sich auch – aufgrund der vermeintlichen Errettung eines stürzenden Bauarbeiters durch die heilige Mutter Gottes – eine rege Wallfahrt zu dieser hölzernen Marienkirche. Die Massenwallfahrt trug zwar deutliche Züge der volksfrommen Hysterie, sie führte aber immerhin dazu, dass anstelle der Holzkirche ein gewaltiger steinerner Kirchenbau im Stile der Renaissance geplant wurde, der aber aufgrund des bald abflauenden Interesses an der Wallfahrt kleiner als geplant ausgeführt wurde. Da der Rat der Stadt sich, nachdem das jüdische Erbe bereits größtenteils dem Bischof zugefallen war, das Patronatsrecht an der Kirche gesichert hatte, wurde die Neupfarrkirche bald für den protestantischen Gottesdienst genutzt. So erscheint uns der Neupfarrplatz heute vor allem als Mahnmal für religiöse Toleranz: Jüdische, katholische und protestantische Glaubenspraktiken lösten sich hier keineswegs friedlich voneinander ab.

Bis 1803 blieb Regensburg als Stadt ganz offiziell protestantisch. Dann wurde es in ein Fürstentum unter der Führung des ehemaligen Mainzer Fürstbischofs Carl von Dalberg umgewandelt. Aber das ist tatsächlich eine andere Geschichte, der wir uns im nächsten Kapitel ausführlicher widmen werden (s. S. 128ff.).

Rundgang durch das Regensburg der Kirchen und Klöster

Wir starten unseren Rundgang beim wohl bekanntesten Wahrzeichen des mittelalterlichen Regensburg: Das weithin sichtbarste Dokument der katholischen Stadt ist die Bischofskirche. Der dem heiligen Petrus geweihte **Dom (Station 4.1)** ist nicht nur die größte Kirche Regensburgs, er ist auch die einzige Kathedrale in Süddeutschland, die ganz im französischen Stil erbaut wurde.

Eine Vorgängerkirche des heutigen Doms St. Peter wird bereits Ende des 8. Jahrhunderts erwähnt. Diese wurde im 11. Jahrhundert um zwei Türme erweitert. Einen dieser beiden Türme können wir tatsächlich noch heute sehen – am besten aus der Fernsicht, beispielsweise von der Steinernen Brücke aus: Der sogenannte Eselsturm blieb zuerst im Baustellenbetrieb des gotischen Doms als nützlicher Treppenbau bestehen und sollte

dann wohl umgebaut und in die neue Architektur integriert werden. Dazu kam es allerdings nicht mehr, sodass der Dom bis heute dieses bauhistorisch hoch spannende vorgotische Architekturelement behalten hat.

Ansonsten wirkt der Dom, nahezu egal von welchem Standpunkt aus – Sie sollten natürlich zuallererst um dieses Wunderwerk herumspazieren, um seine Dimensionen fassen zu können –, wie aus einem Guss. Allerdings trügt der erste Augenschein. Nach einem Brand der Vorgängeranlage 1273 wurde der Neubau zwei Jahre später begonnen. Als Erstes entstand der Ostchor. Die Anlage wuchs also mit Baufortschritt nach Westen. Die filigrane Westfassade, das Prunkstück des Doms, wurde erst gut hundert Jahre später, ab 1381, ausgeführt. Die Vollendung des Doms mit seinen beiden charakteristischen Türmen ließ gar noch einmal weitere fünf Jahrhunderte auf sich warten. Auf Wunsch König Ludwigs I. wurde der Dom zuerst im Inneren purifiziert, das heißt von allen späteren Ausstattungsgegenständen gesäubert, und dann von 1859 an mit Türmen versehen.

Wir haben es also trotz des geschlossen wirkenden Baukörpers mit weit auseinanderliegenden Bauphasen zu tun. Und tatsächlich ist schon alleine der Sprung von der filigranen spätgotischen Westfassade hin zur schwereren Architektur des Ostchors – wenn man einmal darauf aufmerksam geworden ist – kein geringer.

Sollten Sie das Glück haben, die Stadt im Sommer bei strahlendem Sonnenschein zu besuchen, können Sie unsere Besichtigung gerne mit einem gemütlichen Cappuccino auf den Freisitzen vor der Westfassade beginnen. Von hier aus haben Sie das touristische Treiben auf der drei Meter erhöhten Domplatte ebenso gut im Blick wie die gesamte Westfassade – vorausgesetzt sie ist nicht teilweise eingerüstet, was allerdings nur selten vorkommt. Der Dom ist seit Jahrhunderten eine Dauerbaustelle, und das wird sich auch nicht mehr ändern. Im Gegensatz zu Flughafenbauten im Brandenburgischen ist dies allerdings regelrecht ein Glücksfall. Seit Jahrhunderten kümmern sich die exzellenten Handwerker der Dombauhütte um den Erhalt des Doms. Sie tun dies weitgehend mit traditionellen handwerklichen Mitteln, sodass ihnen in der Weitergabe überlieferter Kulturtechniken eine Schlüsselrolle zukommt. Zusammen mit der Bamberger Dombauhütte ist dies in Süddeutschland einmalig.

Wenn wir kaffeeschlürfend die Westfassade betrachten, fällt uns neben dem fast erdrückenden Figuren- und Zierformenreichtum vor allem die eigenwillige Gestaltung der Mittelachse auf. Eine kleine Vorhalle mit dreieckigem Grundriss zeigt die Mitte des Portals an, darüber sehen wir zwei mit Maßwerk verzierte Fenster, über denen wiederum ein Rundfenster sitzt. In der klassischen französischen Sakralarchitektur würden wir anstelle dieses Aufbaus eigentlich eine große, alles dominierende Fensterrose erwarten. Es ist allerdings gerade dieser gestalterisch freiere Umgang mit den überlieferten Motiven, der die Westfassade so interessant macht: Sie kommt mit all ihren Verzierungen und kleinen Details regelrecht leichtfüßig daher.

Die blanke Freude am Leben – und an der christlichen Heilsgeschichte

Um die Portalplastik näher in Augenschein zu nehmen, müssen wir nun unseren Beobachtungsposten verlassen und uns ins touristische Getümmel stürzen. Wir konzentrieren uns neben dem feinen Figurenschmuck der Vorhalle vor allem auf die vier Reiterdarstellungen an den Strebepfeilern, also jenen Architekturgliedern, die die Schubkraft des hohen Gewölbes aufnehmen und ableiten. Wir sehen auf den Strebepfeilern jeweils eine Reiterdarstellung. Von links nach rechts, also von Norden nach Süden, sind das Cyrus aus Persien, Alexander der Große, Julius Caesar und der babylonische Herrscher Nebukadnezar. Nach der Vision des Propheten Daniel verkörpern diese reitenden Könige die vier Weltreiche Persien, Griechenland, Rom und Babylon, denen gleichsam das himmlische Reich Gottes entgegengesetzt wird. Zwar wurden die Originale Ende des 19. Jahrhunderts durch Kopien ersetzt, davon ist allerdings aufgrund der handwerklichen Finesse der Ausführung nichts zu spüren.

Auch wenn die Bekrönung des Doms mit zwei Türmen enorm stadtbildprägend ist, muss man doch bedauern, dass den Bauherren und der geldgebenden Bürgerschaft im 15. Jahrhundert eben jenes Geld auszugehen drohte. Dies verhinderte nämlich, dass ein weit kühnerer Entwurf des späten 14. Jahrhunderts umgesetzt wurde. Auf einem Plan, der bis heute im *Domschatzmuseum* zu begutachten ist, lässt sich erkennen, dass die mittelalterlichen Baumeister vorhatten, den Dom mit einer höchst ungewöhnlichen Einturmfassade auszustatten. Die Dreiecksvorhalle hätte dann noch ein weiteres Geschoss erhalten und die Fassade auf ihre Mittelachse in der Mitte mit einem nach oben hin schlanker werdenden Turm abgeschlossen worden. Immerhin kann man diese fantastische Architekturvision noch im Plan begutachten. Gebaut hätte sich der Regensburger Dom mit dieser Fassade vollends von seinen französischen Vorbildern gelöst und die konventionelle Lösung des 19. Jahrhunderts an Eleganz weit übertroffen.

Wir betreten den Dom idealerweise durch den westlichen Eingang. Von hier aus haben wir den besten Blick auf das weite, lichte Mittelschiff mit seinen monumentalen Dimensionen. Die Höhe und Weite des Raums beeindruckt den Eintretenden nahezu zwangsläufig. Wenn wir Glück haben, und die Sonne durch die bunten Glasfenster flutet, wird der Kirchenraum in ein farbiges Licht getaucht, das selbst die Hartgesottensten unter uns zu einem Moment der Andacht verführen dürfte. Wie der Dom stammen die Glasmalereien aus der weiten Zeitspanne vom 13. bis zum 19. Jahrhundert. Sogar Glasscheiben des Vorgängerbaus wurden hier integriert. Diese Scheiben aus einem Fenster mit dem Stammbaum Christi finden Sie im südlichen Querhaus.

Doch nicht nur das Licht verleiht dem Dom eine besondere Stimmung, es ist auch die klare Ordnung der Gewölbe. Das fünfjochige Mittelschiff präsentiert sich mit schlank wirkenden Kreuzrippen. Die Wände sind in drei Zonen vertikal gegliedert: Auf Arkaden aus Bündelpfeilern folgt ein Triforium-Geschoss, also ein nicht belichteter Laufgang, darauf sitzt der Obergaden, die obere Fensterzone. Diese Ordnung orientiert sich am klassischen französischen Kathedralenschema und zeigt, wie stark die französische Gotik in Regensburg rezipiert wurde. Von den zahlreichen hochrangigen Kunstwerken im Dom seien an dieser Stelle nur drei erwähnt. Die vielen anderen Figuren, die Baldachinaltäre und die Details des Maßwerks sollten Sie selbst erkunden und sich dabei ausreichend Zeit lassen. Die sicherlich bekanntesten Skulpturen des Doms – im Grad ihrer manchmal schon fast übertriebenen Verehrung in Bayern nur mit dem Bamberger Reiter vergleichbar – sind die beiden Figuren der Verkündigungsgruppe des sogenannten Erminoldmeisters, die in den 1280er-Jahren geschaffen wurden. Sie finden sie in der Vierung, also dort wo sich Langhaus und Querhaus kreuzen, sodass sich im Grundriss ein Kreuz ergibt, an den westlichen Pfeilern.

Der Erminoldmeister, der diesen Notnamen aufgrund seiner Arbeit am Grabmal des heiligen Erminold in St. Georg in Prüfening trägt, schuf zwei Figuren, die in ihrer Durchdringung der Körperlichkeit bei gleichzeitiger Verhüllung der Körper mit wallenden Gewändern bis heute faszinieren. Dabei ist es aber nicht die – noch mit deutlichen Farbresten versehene – Gottesmutter, welche die Besucher des Doms am meisten fasziniert, sondern der Erzengel, der gerade im Begriff ist, Maria von ihrer kommenden Rolle in der Heilsgeschichte zu künden. Ganz egal, ob man nun seine Gestalt anmutig findet oder die bildhauerische Meisterschaft seines

Schöpfers würdigt – nichts von alledem hat für den Ruhm der Figur auch außerhalb der Fachkreise gesorgt. Dafür ist ganz allein sein Gesichtsausdruck verantwortlich, der die ganze Freude am nahenden Erlöser auszudrücken scheint. Anders gesagt, der Engel lacht, oder besser – er lächelt.

Um einiges feierlicher und erdenschwerer fällt das Grabmal für Kardinal Philipp Wilhelm aus, das so prominent im Mittelschiff platziert ist, dass Sie es kaum übersehen können. Es ist ein letzter Rest der barocken Ausstattung des Doms, die ansonsten der königlichen Purifizierungsmaßnahme zum Opfer fiel. Warum ausgerechnet das Grabmal dieses Regensburger Fürstbischofs der zweiten Hälfte des 16. Jahrhunderts bei Ludwig I. Gnade gefunden hat, ist schnell erklärt. Der Bischof war als Wittelsbacher einer der Ahnherren des Königs. Der kniende Fürstbischof, im Begriff demütig das Kreuz anzubeten, das sich wie eine Vision vor ihm erhebt, gibt uns zumindest eine Ahnung davon, wie hochwertig die Ausstattung des Doms auch in nachmittelalterlicher Zeit gewesen sein muss. Die Forschung schreibt das Grabmal dem Bildhauer Hans Krumper zu, der am Hof von Philipps Vater Philipp Wilhelm V. in München tätig war.

Das letzte Kunstwerk, das hier gesondert erwähnt werden soll, befindet sich heute etwas versteckt im nördlichen Querhaus des Doms. Hier steht ein äußerst qualitätsvolles Marmordenkmal, das an Karl Theodor von Dalberg erinnert – einen Mann, auf dessen Spuren wir im nächsten Rundgang (s. S. 136ff.) wandeln werden. An dieser Stelle

DER NEFFE SEINEM OHEIM

...RL VON DALBERG
CKB,
8 HORNUNG 1744
GEST.
10 HORNUNG 1817

nur so viel: Das Bildwerk zeigt einen Puto und einen Genius, in fast verträumter Ehrfurcht zu Füßen einer Büste Dalbergs platziert. Das engelhafte Wesen und der antike Schutzgeist huldigen dem verstorbenen Fürstbischof, der sich ausweislich der Inschrift so sehr um »Liebe, Leben und Gottes Willen« gekümmert hat, dass dies gar seine letzten Worte gewesen sein sollen. Die anmutige Gedenktafel aus feinstem Carrara-Marmor ist nichts weniger als das bildnerische Hauptwerk des Klassizismus in Regensburg. Geschaffen wurde sie von Luigi Zandomeneghi, einem Schüler Antonio Canovas, des neben Bertel Thorvaldsen wohl wichtigsten europäischen Bildhauers des Klassizismus.

Nach dem ausgiebigen Schauen und Staunen verlassen wir den Dom und machen uns auf zum nur wenige Schritte entfernten **Neupfarrplatz (Station 4.2)**. Bevor wir uns der Neupfarrkirche zuwenden, fällt unser Blick auf ein strahlend weißes Feld westlich der Kirche, das als Bodenrelief den Grundriss der 1519 zerstörten Synagoge zeigt. Es wurde von Dani Karavan entworfen und gibt dem Platz seit 2005 sein eigenes Gepräge: Das Feld wird im wahrsten Sinne des Wortes von der Bevölkerung *besessen* und ist zu einem beliebten Treffpunkt in der Altstadt geworden, obwohl es mit seinem feierlich-erhabenen weißen Beton eine stete historische Mahnung bleibt.

Das Denkmal tritt in eine ästhetisch durchaus reizvolle, aber nichtsdestoweniger fordernde Blickbeziehung zur Neupfarrkirche, die, wie bereits erwähnt, als monumentaler Steinbau dazu gedacht war, jene

Pilgermassen aufzunehmen, die nach der Zerstörung der Synagoge wohl der sichtbarste Ausdruck der *ecclesia triumphans* waren. Allerdings ist das, was sich vor unseren Augen erhebt, mit dem ursprünglich Geplanten kaum zu vergleichen. Die angedachte Gestalt der Kirche dokumentiert ein Modell des Baumeisters Hans Hieber, das sich heute im *Historischen Museum* der Stadt befindet. Ein langer Chor im Westen mit zwei Türmen wäre sozusagen nur das Vorspiel gewesen für ein monumentales Sechseck im Osten, das den eigentlichen Hauptraum der Kirche dargestellt hätte.

Doch es kam anders: Die Wallfahrt versiegte schleichend und damit auch das Geld für den Neubau. Der Sechseckbau, das Prunkstück dieser für die Stadt so aufregend neuen Architektur, wurde nicht mehr ausgeführt. Nur zwei Jahre nachdem der Langchor 1540 geweiht wurde, wechselte der Rat zum Protestantismus über und der Torso der einstigen Wallfahrtskirche zur schönen Maria wurde nicht nur die erste Kirche der Stadt in den Formen der Renaissance, sondern auch die erste, die dem neuen Glauben gewidmet war.

Dass sich die Kirche heute nicht mehr als Torso, sondern als geschlossener Körper präsentiert, liegt an den Umbauten des 19. Jahrhunderts. In den 1860er-Jahren bekam die Neupfarrkirche im Westen einen echten Chor und eine regelmäßige Turmanlage. Vom durchaus deutlichen Renaissancecharakter der ursprünglichen Planungen zeugen heute außer fast nur noch die rundbogigen Fenster, ansonsten ist der Bau des Chors –

Der etwas versteckte künstlerische Höhepunkt des Klassizismus in Regensburg – das Grabmal Karl Theodor von Dalbergs im Dom

ganz im Gegensatz zum Sechseck, das nie zur Ausführung kam – durchaus noch der Gotik verhaftet.

Dieser sozusagen gotische Eindruck setzt sich im Inneren des Gotteshauses fort. Natürlich sprechen die Formen der Bauzier durchaus eine frühneuzeitliche Sprache, im Großen und Ganzen aber bleibt die Neupfarrkirche der letzte große Sakralbau der Stadt in den Formen des Spätmittelalters. Den wichtigsten Ausstattungsgegenstand der Kirche, den von Michael Ostendorfer gemalten Reformationsaltar, der gleichsam als bildgewordenes Programm des neuen Glaubens fungieren sollte, finden wir heute im *Historischen Museum* und leider nicht mehr in situ in der Kirche. Auch dieser Altar fungiert mit seiner stilistisch ganz in der Tradition Albrecht Altdorfers stehenden Malerei eher als Klammer zwischen Altem und Neuem denn als grundstürzendes Dokument des Aufbruchs.

Wir verlassen den Neupfarrplatz in Richtung Gesandtenstraße. Bereits nach wenigen Metern stoßen wir auf das Langhaus des größten protestantischen Kirchenbaus der Stadt, der Dreieinigkeitskirche. Nach der Kirche biegen wir in die Straße »Am Römling« ein und lassen die Kirche einstweilen – wir werden sie auf unserer nächsten Tour eingehender besichtigen (s. S. 145f.) – im wahrsten Sinne des Wortes links liegen und wenden uns zumindest kurz dem gegenüberliegenden Bau zu, dem protestantischen **Alumneum (Station 4.3)**, heute Verwaltungssitz der evangelischen Kirche in Regensburg.

Ursprünglich gehörte das Alumneum zum (bis heute direkt daneben befindlichen) Gymnasium poeticum, der humanistischen Hauptausbildungsstätte der Elite der Reichsstadt. Das Alumneum übernahm dabei die Funktion eines angeschlossenen Heims für auswärtige Schüler. Eben jenes Heim bestand auch in nachprotestantischer, also königlich-bayerischer Zeit weiter und war gegen Ende des 19. Jahrhunderts so baufällig geworden, dass es 1901 durch einen Neubau ersetzt wurde.

Vor unseren Augen liegt ein merkwürdiger Zwitter aus spätem Historismus und der dekorativen Formensprache des Jugendstils, der ansonsten in Regensburg kaum nennenswerte Spuren hinterlassen hat. Das Alumneum ist ein Frühwerk des Architekten German Bestelmeyer (1874–1942), der zwar später mit dem Erweiterungsbau der Ludwig-Maximilians-Universität auch der bayerischen Landeshauptstadt München einen gewichtigen öffentlichen Repräsentationsbau hinterließ, der aber auch als völkisch gesinnter Architekt im Nationalsozialismus eine mehr als unrühmliche Rolle spielte.

Vielleicht mögen Anklänge an den feierlichen und letztlich hohlen Ernst nationalsozialistischen Kunstwollens auch schon hier im Alumneum zu finden sein – dem Reiz dieses Gebäudes vermag man sich trotz allem nicht zu versperren. Wer zu den Öffnungszeiten der Büros ins Gebäude kommt, sollte jedenfalls nicht verpassen, die wuchtige Eingangshalle mit ihrer Reihe architektonischer Zitate aus der Renaissance inklusive ihrer monumentalen Treppenanlage zu besichtigen. Das vermeintlich vergiftete Erbe dieses Baus wird heute jedenfalls durch verschiedenste

Das Alumneum ist heute ein Ort des religiösen Dialogs und der kulturellen Bildung.

Vortragsreihen und im besten Sinne des Wortes multikulturelle Festlichkeiten positiv umgedeutet.

Direkt nach dem Alumneum biegen wir rechts ab und gehen in einer engen Gasse bereits am Langhaus unserer nächsten Station entlang. Die **Dominikanerkirche St. Blasius (Station 4.4)** ist nicht nur der größte Bettelordensbau der Stadt, sondern auch eine der bedeutendsten mittelalterlichen Bettelordenskirchen Süddeutschlands. Die Dominikaner hatten sich in den 1220er-Jahren in Regensburg niedergelassen. Wie wir bereits gehört haben, war Albertus Magnus hier 1237 bis 1240 tätig. Entweder zu dieser Zeit oder kurz nach seinem Wirken muss mit dem Bau einer neuen Kirche begonnen worden sein. Jedenfalls fanden die ersten Altarweihen 1254 statt. Das Langhaus dürfte in etwa zeitgleich mit dem Dom in den 1270er-Jahren entstanden sein.

Der Bau beeindruckt bereits von außen durch seine Größe und seine vermeintlich schlichte, sehr auf das Wesentliche konzentrierte Architektur. Gerade der Vergleich mit dem nahezu gleichzeitig erbauten Dom ist hier reizvoll. Die Strebepfeiler schmiegen sich an die Fassade an, die hohen spitzbogigen Fenster vermitteln das Bild nüchterner Homogenität, aber auch einer selbstsicheren Eleganz der hier tätigen Baumeister. Die Gestaltung des Hauptportals im Westen überzeugt durch Zurückhaltung. Das zweibogige Portal bleibt auffallend schmucklos. Die erst später hinzugekommene Figur im Tympanon, also im Bogenfeld über dem Tor, stört den eleganten Aufbau heute kaum. Über dem Portal erhebt sich ein großes Maßwerkfenster mit sechs Bahnen. Weitere Türme oder Zierelemente fehlen.

Mit einer derartigen Gestaltung folgt die Dominikanerkirche dem Ideal der Bettelorden: Nichts gerät hier zu auftrumpfend, zu prunkvoll, trotzdem verrät sich in der souveränen Adaption der Gotik ein geschulter und mit allen Wassern aktueller Bauformenlehre gewaschener Bautrupp. Da spätere Zutaten nahezu komplett fehlen, hat die Dominikanerkirche wie keine andere Kirche der Stadt ihr hochmittelalterliches Aussehen bewahren können.

Dieser Eindruck wird im Inneren sogar noch verstärkt. Die hohen Kreuzrippengewölbe – auch diese auffallend ähnlich wie in der Bischofskirche gestaltet – haben ebenfalls bereits fast 800 Jahre ohne Umbauten und Eingriffe in die Substanz überdauert. Was die Ausstattung der sparsam und nüchtern erscheinenden Kirche betrifft, dürfen wir uns allerdings nicht täuschen: Die originale Ausstattung ist heute leider zu einem großen Teil verloren. So leer, wie sich uns das Gotteshaus nun präsentiert, dürfte es im Mittelalter kaum gewesen sein. Dafür waren die Bettelorden zu sehr eine städtische Modeerscheinung, die bürgerliche Stiftungen geradewegs anzogen.

Trotzdem überliefern uns – neben der fantastischen Architektur – die erhaltenen Wandmalereien noch eine Ahnung davon, wie die Kirche einst ausgesehen haben mag. Am bemerkenswertesten ist hier sicherlich der Vierzehn-Nothelferfries im südlichen Seitenschiff. Er entstand 1331 und steht

Links: Die Dominikanerkirche – fast so etwas wie ein nüchterner Zwilling des Doms

Bild S. 116/117: So großartig und mysteriös, dass es eine Einhausung verdient hat – das Schottenportal

somit am Anfang der fast inflationären Darstellung der 14 Nothelfer im späten Mittelalter. Die 14 Heiligen waren sozusagen eine Schutztruppe für die üblichsten Gebrechen und Sorgen der Bevölkerung. So konnte beispielsweise der heilige Ägidius bei der Beichte oder von stillenden Müttern angerufen werden und die heilige Katharina bei Sprachschwierigkeiten.

Nachdem wir ausgiebig in der Kirche umhergewandert sind, verlassen wir St. Blasius in Richtung Bismarckplatz. Wir überqueren die Straße bei einem Fußgängerüberweg und stehen bald vor unserer letzten Station: der sogenannten **Schottenkirche St. Jakob (Station 4.5)**. Die – wie bereits erwähnt, nicht schottischen – Wanderbischöfe aus Irland hatten sich wohl schon im 11. Jahrhundert in immer größerer Zahl in Regensburg niedergelassen, sodass ein erster Kloster- und Kirchenbau bereits wenige Jahre später notwendig geworden war. Die heutige Kirche ersetzte diese Anlage und stammt aus den Jahren von 1150 bis 1180.

Seit 1999 wird die Kirche durch einen Glasbau betreten, der das Portal vor den Abgasen des Autoverkehrs schützen soll. Bevor wir uns allerdings dem Portal zuwenden, sollten wir zumindest noch kurz vor dem Glasbau innehalten und unsere Aufmerksamkeit einem durchaus merkwürdigen Denkmal vor der Jakobskirche widmen. Es handelt sich um ein 2017 eingeweihtes Kunstwerk, das an den Papstbesuch 2006 erinnern soll. In diesem Jahr besuchte Papst Benedikt XVI. Regensburg, das nicht nur eine Station seiner Karriere als Universitätstheologe mar-

kiert, sondern bis zu seiner Papstwahl auch neben der römischen Kurie sein Wohnsitz und designierter Altersruhesitz war.

Das Denkmal des Eggenfelder Künstlers Johann Michael Neustifter zeigt ein zwar etwas windschiefes, aber nichtsdestotrotz solide fundamentiertes Haus. Der Künstler will dies als Allegorie auf die päpstliche Kirche verstanden wissen. Das Kunstwerk präsentiert sich jedenfalls durchaus klein und bescheiden – auch wenn etwas goldener Glanz natürlich nicht fehlen darf. Wer im Übrigen statt an künstlerischer an wissenschaftlicher Aufarbeitung der Vita des emeritierten Papstes interessiert ist, findet nur wenige Meter weiter am Bismarckplatz das *Institut Benedikt XVI.*, das sich der kommentierten Herausgabe der theologischen Schriften Josef Ratzingers verschrieben hat.

Wir treten jetzt allerdings zuerst durch den zwar lichten, aber nichtsdestoweniger wuchtigen Glasbau und befinden uns unversehens in einer anderen Welt. Der Vorbau sperrt nicht allein die Autoabgase aus, sondern auch den Autolärm. Diese Möglichkeit zur Kontemplation können wir nun gut gebrauchen, denn das romanische Portal der Jakobskirche stellt uns – wie alle anderen Betrachter in den Jahrhunderten zuvor – erst einmal vor große Rätsel.

Hören wir doch am besten zuerst, was der romantische Dichter Clemens Brentano angesichts dieses Meisterwerks des Hochmittelalters in einem Brief an einen anderen Großen der deutschen Romantik, an den Maler Philipp Otto Runge, in Worte zu fassen suchte:

»In Regensburg an einem Thor der Jacobs-Kirche sind so wunderbare hieroglyphische Arabesken, daß, so ihre Abbildung einer Akademie vorgelegt würde, die in der Stadt selbst säße, sie Erklärungen aus Aegypten dazu herholen würde. Kein Mensch sieht sie an und der Krieg zerstört sie vielleicht, während viele Generationen an ihnen vorübergegangen, und höchstens die auf dem Kirchhof spielenden Kinder mit ihnen geschwätzt haben.«

Brentano hatte wohl mit so ziemlich allem unrecht. Der Krieg hat das Portal glücklicherweise nicht zerstört und heute gilt es – völlig zu Recht – als eine der größten Sehenswürdigkeiten der an Sehenswürdigkeiten nicht armen Stadt. Eine Akademie bzw. eine Universität wurde in Regensburg auch erst im 20. Jahrhundert gegründet und kein Kunsthistoriker geht davon aus, dass die Iren mit den alten Ägyptern im Bunde waren. Trotzdem trifft Brentano mit seiner Beobachtung paradoxerweise auch ins Schwarze. Wer dem Portal sozusagen unvorbereitet gegenübertritt, wird ähnlich umrätselt davor stehen wie vor ägyptischen Hieroglyphen. Dies beginnt sogar schon bei der eigentümlichen Lage des Portals. Es öffnet sich nämlich nicht im Westen der Kirche, sondern in der nördlichen Mauer des Seitenschiffs.

Die Deutung der Figuren gleicht einem – unlösbaren – Kreuzworträtsel: Im Tympanon vermeinen wir noch einigermaßen klar den segnenden Christus in der Mitte zu erkennen. Schon bei den beiden assistierenden Figuren sind wir jedoch überfragt. Wir sehen Löwen und Drachen, eine Gottesmutter mit Kind, Mönche und – ganz prominent – einen weiteren Drachen mit einer Kugel im Maul. Obwohl sich seit Brentanos Zeiten zahlreiche Gelehrte an einer detaillierten Auflösung des Programms versucht haben, haben sich tatsächlich alle, wie wohl auch der Drache an der Kugel, daran die Zähne ausgebissen. Ein Weltgericht, eine Darstellung von Himmel und Hölle – so vage müssen wir bleiben.

Auch stilistisch steht das Schottenportal im 12. Jahrhundert in der süddeutschen Portalplastik wie ein Monolith da. Die Querverbindungen scheinen eher zur irischen Buchmalerei zu verweisen als zu anderen romanischen Bauwerken der Stadt. In jedem Fall fasziniert uns dieses Portal bis heute. Anders als die inzwischen entschlüsselten Hieroglyphen wird es seinen eigentümlichen Zauber, der ja gerade in der vermeintlichen Rätselhaftigkeit liegt, so schnell auch nicht verlieren.

Im Inneren der Kirche, die im Osten mit den beiden Nebenchören auch Teile des Vorgängerbaus aufnimmt, herrscht hingegen eine stille Ordnung, die in ihrer Regelmäßigkeit allerdings kaum weniger beeindruckt als das Portal. Das Langhaus wird gegliedert durch wuchtige monumentale Rundstützen, die im Chor durch Rechteckpfeiler abgelöst werden. Die ornamentalen und figürlichen Details der Kapitelle, also der oberen Abschlüsse der Rundstützen, laden ebenso zum längeren Betrachten ein wie ein bauplastisches Detail direkt beim Eingangsportal. Dort dürfen wir mit dem Mönch Rydan Bekanntschaft machen, der ganz offensichtlich zur Erbauungszeit für den Schließdienst zuständig war. Zumindest hat man ihm in dieser Funktion mit Schlüssel und Riegel in Form eines Reliefs ein Denkmal an herausgehobener Stelle gesetzt.

Von den weiteren Bildwerken sollten Sie auf jeden Fall die Kreuzigungsgruppe am Triumphbogen, also am Übergang vom Langhaus zum Mönchschor, näher in Augenschein nehmen. Diese lebensgroßen Figuren von Christus, Maria und Johannes dürften sich ursprünglich am inzwischen abgebrochenen Lettner, einer Schranke zwischen dem Mönchschor und dem Langhaus, befunden haben.

Ein prominentes Kuriosum am Rande: Im südlichen Seitenschiff finden Sie ein Epitaph für den 1592 gestorbenen Abt Ninian Winzet. Der Abt spielte als Beichtvater Maria Stuarts eine gar nicht mal unerhebliche Rolle in der englischen Geschichte. Maria Stuart, schottische Königin und Gemahlin des französischen Königs Franz II., galt als mögliche katholische Anwärterin auf den englischen Thron, was sie sozusagen automatisch zur Todfeindin Elisabeths I. machte und schlussendlich zu ihrer Hinrichtung und zu einem Pathos geschwängerten Drama Friedrich Schillers führte. Winzet jedenfalls flüchtete schon vorher von der Insel aufs Festland und stand dort von 1577 bis zu seinem Tod dem Schottenkloster vor.

Es passt zu diesem Rundgang, dass er mit einem Zeichen des gelebten Glaubens endet: Der Kreuzgang des Klosters, der nur kurz nach der Kirche entstand, ist leider nur zu besonderen Anlässen wie dem *Tag des offenen Denkmals* und mit Sonderführungen zu besichtigen, da er inzwischen vom Priesterseminar der Diözese genutzt wird. Die heutige Nutzung des Klosters steht damit – wie so vieles in Regensburg – in einer fast tausendjährigen Traditionslinie.

Romanische Prachtentfaltung in der Apsis der Schottenkirche St. Jakob

Tipps für einen erweiterten Kirchenrundgang (s. S. 219)

Natürlich hatte der Geheimrat Goethe, wie zumeist, recht: In Regensburg steht wirklich Stift an Stift und Kirche an Kirche. Wer mit offenen Augen durch die Stadt geht, entdeckt an jeder Ecke eine kleine romanische oder gotische Hauskapelle oder ein anderes sichtbares Zeichen der christlichen Tradition der Stadt. All jene Kirchen aufzuzählen, die wir bislang noch nicht besichtigt haben, die aber unbedingt wert gewesen wären, besichtigt zu werden, würde den Umfang dieses Buches sprengen. Wer allerdings neben dem bereits Gesehenen noch weitere Kirchen in seinen Rundgang einbauen will, der bekommt nachfolgend zumindest ein paar weitere Hinweise.

Der Dom ist tatsächlich nicht der einzige Kirchenraum auf der Domplatte. Zwei weitere Highlights warten auf die Besucher im Kreuzgang des Domstifts, der leider nur mit Führungen zugänglich ist. Dafür werden Sie allerdings mit der romanischen Stephanskapelle, die um 1070/80 errichtet wurde, und mit der Allerheiligenkapelle reich belohnt werden – falls Sie nicht schon bereits der Kreuzgang selbst, dessen Mittelgang seit dem 12. Jahrhundert zahlreiche Grabmäler der Domherren aufnimmt, für den anfallenden Obolus entschädigt hat.

Von den beiden Sakralräumen weiß vor allem die Allerheiligenkirche nachhaltig zu beeindrucken. Sie entstand im Auftrag Bischof Hartwigs II. (gest. 164), der sich die Kapelle bereits zu Lebzeiten als Mausoleum erbauen ließ. Den besten Blick auf diesen fabelhaften Bau, der aufgrund seiner Lage im Kreuzgang zu den großen architektonischen Geheimnissen der Stadt gehört, haben Sie von eben jenem Kreuzgang aus. Der kleine Zentralbau wirkt geradewegs, als wäre eine italienische Taufkapelle der Romanik nach Regensburg versetzt worden. Er wird gegliedert durch eine höhere Kuppel als Hauptraum und drei halbrunden Abschlüssen, den sogenannten Apsiden. Die einzelnen Bauteile wiederum werden durch vorgeblendete Pfeiler und ein umlaufendes Bogenfries geschmückt, sodass eine in ihrem deutlichen Antikenbezug fast südländisch wirkende Fassade entsteht.

Im Inneren hat die Allerheiligenkapelle leider durch eine umfassende Restaurierungsmaßnahme in den 1990er-Jahren ihren einstigen Glanz nahezu restlos verloren. Wer ein Beispiel für falsch verstandene Denkmalliebe sucht – hier hat er es gefunden. In der Maßnahme wurden spätere Übermalungen und Ergänzungen, die sich gleichwohl an die Gestaltung des romanischen Zyklus hielten, abgenommen und scheinbar der mittelalterliche Zustand wiederhergestellt: mit dem Ergebnis, dass die Lesbarkeit der Wandmalereien inzwischen gen null tendiert. Dafür ist aber nun alles, was man sieht – oder eben nicht sieht – bauzeitlich.

Die Allerheiligenkapelle ist ein verstecktes mittelalterliches Schmuckstück im Kreuzgang des Doms.

Tipps für das geistige und leibliche Wohl (s. S. 219)

Die beiden mittelalterlichen Kleinode sind allerdings nicht alles, was Sie sich auf Ihrer Extratour durch den Dombezirk nicht entgehen lassen dürfen. Traditionell sollten Sie, wenn Sie nicht ohnehin dem Tipp bei unserer Tour durch das antike Regensburg (s. S. 40f.) gefolgt sind und in der Porta Praetoria ein Zimmer genommen haben, das bischöfliche Regensburg auch mit dem Magen erkunden. Der ehemalige Hof des Fürstbischofs, heute sinnigerweise *Bischofshof* genannt, beherbergt inzwischen ein Restaurant mit gehobener bayerischer Küche. Dazu trinken Sie das *Bischofshofs*-Bier, das einstmals auch hier gebraut wurde, inzwischen aber vor den Toren der Altstadt im inneren Westen hergestellt wird. Da zur *Brauerei Bischofshof* seit längerer Zeit auch das formidable Bier aus dem altehrwürdigen Benediktinerkloster Weltenburg gehört, dürfen Sie sich auch das legendäre dunkle Bier eben jener Brauerei gönnen.

Wer nun immer noch nicht genug hat vom Dombezirk, dem stehen mit dem *Domschatzmuseum* im Bischofshof und dem direkt neben dem Dom gelegenen Museum der Diözese in der frühgotischen Kirche St. Ulrich noch zwei Museen mit Fokus auf Schatzkunst und christlichen Bildwerken aus verschiedenen Epochen zur Wahl.

Wer das Glück hat, eine der öffentlichen Führungen durch die *Dombauhütte* zu erhaschen, der sollte diese Chance unbedingt wahrnehmen. Hier wird mit viel Liebe zur Geschichte direkt neben dem großen Dom eine Handwerkstradition aufrechterhalten, die es so in Deutschland kaum mehr gibt. Einen Einblick in die Arbeit der Steinmetze können Sie allerdings auch ohne Führung erhaschen: Das kleine Gärtlein der Dombauhütte ist immer angefüllt mit zahlreichen Werksteinen und bauplastischen Elementen aus dem Dom.

Vom Dom und für den Dom – im Garten der Dombauhütte lagern stets Bauteile, die noch bearbeitet werden.

Tipp für einen Abstecher ins Grüne (s. S. 219)

Ein letzter Tipp führt uns aus der Altstadt heraus in den Stadtteil Prüfening. Dort liegt das riesige Areal des ehemaligen Benediktinerklosters Prüfening. Die Abtei wurde 1109 von Bischof Otto I. von Bamberg gegründet und war seither im steten Konkurrenzkampf mit dem innerstädtischen Benediktinerkloster St. Emmeram. Dies führte zu einer Blüte geistlicher Kunst und Kultur in Regensburg. Die konkurrierenden Schreibwerkstätten der beiden Klöster zählten zu den wichtigsten Schöpfern von Buchkunst im Mittelalter.

Auch die Klosterkirche St. Georg – die erhaltene Weiheinschrift nennt als Jahr der Fertigstellung 1119 – beeindruckt mit einem romanischen Wandmalereizyklus ebenso wie mit dem lebensgroßen Grabmal des Bischofs Erminold, das, wir erinnern uns, dem Schöpfer des lachenden Engels zu seinem Namen Erminoldmeister verholfen hat.

Der weiträumige Park rund um die Anlage lädt bis heute zum Spazierengehen ein. Die Klostergebäude werden nun als Montessori-Schule genutzt, sodass sie zwar mit reichlich Leben angefüllt sind, für uns aber leider nur im Rahmen von Sonderveranstaltungen zugänglich sind.

Wer nach so viel Besichtigung Kontemplation und Zerstreuung im Schatten sucht, der kann gleich auf dem Areal bleiben. Der Prüfeninger Schlossbiergarten bietet im Sommer ausgiebig Platz, um die Seele bei einem kühlen Bier baumeln zu lassen.

Die Prüfeninger Klosterkirche ist ein regelrechtes Fest für Freunde romanischer Wandmalereien.

5. Das erste europäische Parlament oder Die Stadt des Immerwährenden Reichstags

Der wirtschaftliche Niedergang der einstmals so reichen Handelsstadt Regensburg im späten Mittelalter zeigt sich vielleicht am deutlichsten in einer kurzen Episode der Regensburger Geschichte rund um das Jahr 1485.

Während des gesamten Mittelalters hatten die bayerischen Herzöge ihre Niederlage im Ringen um die Vormachtstellung in der Stadt nicht vergessen. 1485 war endlich die Gelegenheit zur Rache gekommen: Herzog Albrecht IV. von Bayern-München bot der hochverschuldeten Stadt an, ihr aus der Krise zu helfen – wenn sie sich wieder der bayerischen Herrschaft unterstellte. Die Reichsstadt nahm das Angebot an, und Albrecht wurde wieder zum obersten Gerichtsherrn Regensburgs. Dieses bayerische Zwischenspiel dauerte allerdings kaum mehr als fünf Jahre. Der Kaiser und die Adeligen des Umlands konnten keine bayerische Expansion gebrauchen und bekämpften den Beschluss der nun ehemaligen Reichsstadt mit allen zur Verfügung stehenden Mitteln. Bereits 1492 musste Albrecht Regensburg zurückgeben, und die Stadt versank aufs Neue im wirtschaftlichen Chaos. Regensburg drohte in die politische Bedeutungslosigkeit abzurutschen und zum reinen Symbolort ehemaliger Glorie zu verkommen.

Dem bayerischen Herzog blieb lediglich eine kleine Stadt diesseits der Donau: »Stadtamhof«, so hieß sie im Mittelalter und sei heißt sie bis heute, war schon seit dem Jahr 1250 wittelsbachisches Territorium. Die Reichsstadt hatte allerdings immer wieder versucht, ihren Einfluss auf das strategisch wichtige Gebiet am gegenüberliegenden Donauufer zu vergrößern. Nahezu während des gesamten 15. Jahrhunderts war Stadtamhof an Regensburg verpfändet. Dass sich die Stadt dieses Pfand trotz immenser Schuldenlast leistete, zeigt, für wie wichtig Stadtamhof erachtet wurde. Der kleine Ort kam 1486 mit Regensburg zurück an den oberbayerischen Herrscher und verblieb auch nach der Niederlage Albrechts beim Haus Wittelsbach. In der Folge erhob Albrecht Stadtamhof 1496 zur Stadt und verlieh ihr ein Stadtwappen mit drei gekreuzten Schlüsseln und bayerischen Rauten – immerhin ein Schlüssel mehr als Regensburg, wenn schon nicht die Reichsstadt dauerhaft an die bayerische Herrschaft gebunden werden konnte.

Am südlichen Ufer der Donau, in der Reichsstadt selbst, änderten sich die Verhältnisse rasant: Die Reformation spaltete die Stadt in eine reichsstädtisch-protestantische und eine katholisch-fürstbischöfliche Hälfte und aus dem »Inneren Rat«, dem

Blick von der einstmals bayerischen Enklave Stadtamhof auf die Altstadt

bestimmenden patrizischen Gremium der Reichsstadt, wurde der noch exklusivere und noch mächtigere »Geheime Rat«. Mit der Gegenreformation, die Mitte des 16. Jahrhunderts vom Konzil von Trient ausging, war bekanntlich Bewegung ins religiöse Kräftemessen im Reich gekommen. Protestantische Glaubensflüchtlinge suchten allerorten Schutz und eine neue Heimat. Die Geschichtswissenschaft bezeichnet sie als »Exulanten«, wir dürfen sie aber durchaus auch mit der neueren Wortbildung »Exilant« ansprechen. Diese Flüchtlinge gingen jedenfalls für ihre Glaubensgrundsätze ins Exil.

Da in Bayern und im habsburgischen Österreich die katholische Partei in der Folge des Konzils massiv gestärkt wurde, bot sich für viele Flüchtende Regensburg als Anlaufstelle an. Der berühmteste unter den Regensburger Exulanten dürfte der Mathematiker und Astronom Johannes Kepler (1571–1630) gewesen sein. Kepler hatte sich allerdings mit seinen Lehren in Linz sowohl mit der katholischen als auch mit der protestantischen Seite verkracht. Nach einer kurzen Zeit, die er mangels einer echten Anlaufstation als Gelehrter reisend in Diensten des Feldherren Albrecht von Wallenstein verbrachte, starb er 1630 in Regensburg.

Mit Wallenstein, dem Friedrich Schiller später eines der rätselhaftesten und wuchtigsten Dramen der deutschen Literatur widmen wird, ist bereits jenes Weltereignis angesprochen, das nicht nur Regensburg, sondern das gesamte Alte Reich während der ersten Hälfte des 17. Jahrhunderts ver-

Das Kepler-Museum bietet kosmisches Staunen.

heerte: der Dreißigjährige Krieg. Von 1618 bis zum Westfälischen Frieden 1648 fegten furchtbare Verwüstungen über das Land hinweg. Der Glaube mag ein Auslöser für den Krieg gewesen sein, die unsicheren Machtverhältnisse im Reich jedoch führten zu seiner besonderen Schwere und langen Dauer.

An Regensburg ging der Krieg alles in allem glimpflich vorüber. Die Stadt wurde 1633 von den schwedischen Truppen – den Hauptvertretern der protestantischen Seite – und 1634 von der kaiserlichen, also der katholischen Armee erobert. Im Zuge der Kämpfe kam es natürlich zu Verwüstungen in der Stadt, so schlimm wie in Stadtamhof, das fast dem Erdboden gleich gemacht wurde, kam es allerdings nicht.

Reichspolitisch bestätigte der Westfälische Frieden den gut hundert Jahre alten Augsburger Religionsfrieden. Im Kern blieb also auch in Regensburg alles beim Alten: Die Bürger der Reichsstadt waren nach wie vor dem neuen Glauben zugehörig, jene der Stifte und des Fürstbischofs blieben altgläubig. Damit spiegelte das Glaubensgemisch in Regensburg auch nach dem Dreißigjährigen Krieg das brisante Nebeneinander von katholischen und protestantischen Territorien recht exakt wider.

Diese Situation mag bei der Einrichtung des sogenannten Immerwährenden Reichstags in Regensburg durchaus eine Rolle gespielt haben. In jedem Fall erlangte die Stadt nun nicht mehr mit wirtschaftlicher Potenz oder klerikaler Prachtentfaltung, sondern mit »handfester« Politik eine neue Bedeutung. Bereits seit 1594 hatte der Reichstag ausschließlich in Regensburg getagt. Dieser war die maßgebliche politische Versammlung im Alten Reich. Alle Reichsstände – von den Kurfürstentümern bis zu den kleineren Fürstentümern, den Reichsstiften und den Reichsstädten – hatten hier ihren Sitz und ihre Möglichkeit zur Beeinflussung des großen Ganzen. Darstellungen des Reichs in Gemälden und in der Buchmalerei fassen seine Organisation in einem recht eindrücklichen Bild zusammen: Das Reich besteht aus einem Haupt und mehreren Gliedern. Der Kaiser steht dem Reich als Haupt vor, seine Glieder setzen sich aus den einzelnen Ständen – weit über hundert – zusammen.

Seit 1495 war der Reichstag, der gleichwohl auch schon vorher abgehalten wurde, als wichtigstes Organ des Reichs professionalisiert und institutionalisiert worden. Als Versammlungsort boten sich für den Kaiser die Freien Reichsstädte an. Sie waren Mitglieder der Versammlung, aber gleichsam neutrales Gebiet. Idealerweise hatte keiner der mächtigen Kurfürsten Einfluss auf die Politik der Reichsstädte, sodass sich niemand allein aufgrund der Wahl des Versammlungsortes hervortun konnte.

Dass aus dem regelmäßig tagenden Gremium in Regensburg ein ständig tagendes, also ein *immerwährendes* wurde, hängt in erster Linie mit der gestiegenen Komplexität der Reichsangelegenheiten zusammen. Nicht nur die Spaltung in protestantische und katholische Reichsfürsten erschwerte die Zusammenarbeit, sondern auch die schwindende Macht des Kaisers. Im Vergleich zu den Herrschern des späten Mittelalters und des 16. Jahrhunderts waren die Kaiser des 17. und 18. Jahrhunderts weitgehend schwache Figuren in der Reichspolitik, deren Hauptaugenmerk weniger auf der gemeinsamen, sinnstiftenden Reichsidee lag, denn auf der Stärkung der eigenen, in den meisten Fällen habsburgischen Hausmacht.

Diese Verschiebung im Machtgefüge des Reichs bedingte nicht nur sensationelle Aufstiege wie jenen der brandenburgischen Hohenzollernfürsten zu Königen in und von Preußen, sondern auch erhöhten Verhandlungsbedarf. Ständig wechselnde Allianzen und Konflikte im Reichsgebiet waren auch nach dem Dreißigjährigen Krieg eher die Regel als die Ausnahme. Nahezu folgerichtig fand der Reichstag des Jahres 1663, der als regulärer Reichstag begonnen hatte, kein Ende. Er verblieb als beständig tagendes Gremium in der Freien Reichsstadt Regensburg – als zentrales politisches Organ des Alten Reichs.

Diese Umstrukturierung hatte für den Reichstag auch ganz praktische Folgen: Statt der Fürsten, Bischöfe und Grafen selbst nahmen nun – noch mehr als bislang – in der Hauptsache deren Vertreter an den Beratungen teil. Diese Spitzenbeamten des Alten Reichs verfügten entweder über glänzende Universitätskarrieren, ehrwürdige Stammbäume oder ganz einfach über enormes politisches Gespür. An diese Vertreter – die Gesandten – erinnert bis heute in Regensburg die gleichnamige Straße, die vom Neupfarrplatz bis zum Bismarckplatz reicht.

Der wichtigste der ständigen Vertreter war selbstverständlich jener des Kaisers, auch »Prinzipalkommissar« genannt. Seit 1748 hatten dieses Amt die Fürsten von Thurn und Taxis durchgängig inne. Das ursprünglich lombardische Adelsgeschlecht hatte seit dem späten 15. Jahrhundert einen rasanten Aufstieg erlebt, der maßgeblich mit seiner Stellung als Logistikdienstleister zu tun hatte. Das Haus Thurn und Taxis war seit den Zeiten Kaiser Maximilians I. für das Postwesen im Reich verantwortlich. Die Familie hielt in Regensburg in nicht mehr genutzten Gebäudeteilen des Reichsklosters St. Emmeram Hof. Erst 1810 erwarben sie das ehemalige Gelände des Klosters vollständig und wandelten es in das heute bekannte Schloss St. Emmeram um, das nach wie vor als Hauptwohnsitz der Familie fungiert.

Mit dem Immerwährenden Reichstag fand nicht nur die große Politik, sondern auch das große Repräsentationsbewusstsein des Barock Einzug in die Stadt. Kulturell befand sich Regensburg wieder obenauf. Höfisches Leben war nun hier ebenso zu beobachten wie das Treiben zahlreicher ausländischer Handwerker und Dienstleister – Letzteres sicher nicht immer zum Wohlgefallen der einheimischen Bevölkerung. Nichtsdestoweniger war die Verstetigung des Reichstags für die Reichsstadt ein kaum zu unterschätzender Gewinn.

Ein anschauliches Bild des höfischen Lebens vermittelt sich vor allem durch die Berichte der Gesandten. So schreibt der englische Gesandte George Etherege über die Feier zur Geburt des englischen Thronfolgers:

»Achtzig Böllerschüsse wurden abgeschossen, während das Hochamt und das Te Deum gesungen wurden. [...] Die Kirche war gedrängt voll und alle Plätze ringsum füllte eine Menschenmenge, die voller Neugier die Ereignisse, bei einer solchen Feierlichkeit sehen wollte. Auf dem Platz vor meiner Residenz waren zwei große feste Gebäude errichtet; das eine eine Küche, in der ein ganzer Ochse gebraten wurde, was sonst bei einer Kaiserkrönung und keinem anderen Anlaß üblich ist; das andere war eine dreieckige Triumphpyramide, deren Spitze von einer kaiserlichen Krone geschmückt war. Unter der Spitze befand sich eine kunstvoll angelegte Laube aus Zweigen, in der eine Gruppe von Musikern mit der Oboe spielten. Darunter war ein Fels, aus dem drei Weinquellen sprudelten [...].«

Dass derartige Extravaganzen in den Berichten aus Regensburg auch immer wieder Anlass für Spott waren, versteht sich natürlich von selbst.

Die prunkliebende Zeit des Immerwährenden Reichstags währte nicht ewig, doch immerhin so lange, wie das Heilige Römische Reich Deutscher Nation noch bestand. Am 6. August 1806 dankte der habsburgische Kaiser Franz II. auf Druck Napoleons als Kaiser des Heiligen Römischen Reichs ab. Ein Reich ohne Haupt war nicht denkbar.

Schon drei Jahre zuvor hatte der Immerwährende Reichstag eine grundlegende Neuordnung des Reichs von Napoleons Gnaden veranlasst. Im Reichsdeputationshauptschluss wurde zum ersten Mal seit 1495 alles auf den Prüfstand gestellt, was auf selbigem Platz hatte. Die Reichsklöster und Fürstbistümer wurden säkularisiert, Verbündete Napoleons konnten ihren Einfluss vergrößern, andere erlitten erhebliche territoriale Verluste.

Für Regensburg bedeutete der Reichsdeputationshauptschluss eine kleine Verschnaufpause in dieser atemlosen Zeit der grundlegenden Neuordnung der politischen Landschaft. Zwar verlor die Stadt ihren Status als Freie Reichsstadt, zwar wurden die drei Reichsstifte St. Emmeram, Obermünster und Niedermünster ebenso säkularisiert wie das Fürstbistum, aber das über Jahrhunderte gewachsene Gebilde wurde nicht zerschlagen, sondern in die Hände eines neuen – und, wie sich zeigen sollte, durchaus auch weisen – Herrschers gelegt. Der Mainzer Bischof Karl Theodor von Dalberg, als solcher bislang Kurfürst, wurde für den Verlust seines Fürstbistums mit dem neu geschaffenen Fürstentum Regensburg entschädigt. Seine guten Kontakte zu Napoleon ließen ihn als einzigen geistlichen Fürsten des Reichs eine gehobene Stellung behalten.

Dalberg trat noch vor dem endgültigen Inkrafttreten des Reichsdeputationshauptschlusses 1802 seine neue Stellung an. Bis 1810 veränderte er die Stadt grundlegend. Er war ein moderner, aufgeklärter Herrscher, mit ihm kamen neue wirtschaftliche und soziale Impulse und – bis heute sichtbar – klassizistische Architekturformen nach Regensburg. Allerdings währte seine Herrschaft nicht lange. 1810 setzte sich Bayern im Ringen um die Gunst Napoleons durch. Nach jahrhundertelangen vergeblichen Versuchen

Weniger ein Schloss als eine Stadt in der Stadt – das im 19. Jahrhundert erweiterte mittelalterliche Kloster St. Emmeram

wurde Regensburg nun dauerhaft baye-risch – und versank vorerst in der Bedeu-tungslosigkeit. Karl Theodor von Dalberg war nach dem Sturz Napoleons nur noch als Geistlicher, nicht mehr als Fürst tätig und starb 1817 im bayerischen Regensburg, wo er im Mittelschiff des Doms (s. S. 109ff.) beigesetzt wurde.

Rundgang durch das Regensburg der Fürsten und Gesandten

Wir starten unseren Rundgang an einem Ort, der uns bereits bekannt ist: am ehe-maligen Benediktinerkloster **St. Emmeram (Station 5.1)**, das nicht nur eine der bedeu-tendsten und kulturell einflussreichsreichs-ten Abteien des Alten Reichs war, sondern seit den 1740er-Jahren auch der Wohnort des Prinzipalkommissars des Immerwähren-den Reichstags. 1812, nach der Auslösung ihrer bis dahin als Monopol gehaltenen Post-rechte, übernahm die Familie Thurn und Taxis das inzwischen säkularisierte Kloster vollständig.

Heute wird das Kloster, das seither auch als »Schloss St. Emmeram« firmiert, vielfach genutzt – es beherbergt die privaten Wohn-räume der Fürstenfamilie, dient aber auch als Museum, Bürogebäude und Event-Location. Über die Grenzen der Stadt hinaus haben die Schlossfestspiele und der Weihnachtsmarkt Bekanntheit erlangt. Weitergehende Pläne des Umbaus des Geländes zum Wellness-Ho-tel scheiterten – sicherlich nicht zu Unrecht –

am massiven Einspruch der regionalen und überregionalen Denkmalpflege. Der Grund für die immer tiefergreifenden Umnutzungs-pläne des Schlosses wird uns auf unserem Rundgang aber recht schnell klar: Das Schloss ist riesig und braucht sich in Süddeutschland vor kaum einer anderen Schlossanlage verste-cken. Die Unterhaltskosten sind – auch für eine durchaus vermögende Familie wie die Thurn und Taxis – beträchtlich.

Wir starten unsere Tour in der Vorhalle der Kirche. Statt von dort geradeaus in die Klosterkirche einzutreten, biegen wir nach rechts ab und stehen bereits im ehemaligen Klosterareal. Zahlreiche Umbauten unter den Thurn und Taxis haben für ein heute recht einheitliches Erscheinungsbild der ver-schiedenen Gebäudeteile gesorgt. Trotzdem reicht die Spannbreite ihrer Entstehungszeit vom 12. bis ins 19. Jahrhundert. Die Anlage bezieht ihren beträchtlichen Reiz gerade aus diesem Nebeneinander verschiedenster Epo-chen und aus der zum Teil atemberaubenden Dichte an hier tätigen Künstlern und Archi-tekten ersten Ranges. Die Liste reicht vom Renaissancemaler Melchior Bocksberger, dem wir bereits beim Goliathhaus begegnet sind, über den Linzer Barockbaumeister Jo-hann Michael Prunner bis hin zum bayeri-schen Hofbaumeister Leo von Klenze, der dem Königreich Bayern und seiner Resi-denzstadt München gleichsam ein klassizis-tisches Antlitz verliehen hat.

Das älteste Gebäude der Anlage, der so-genannte Alte Konvent, stammt aus dem 12. Jahrhundert. Der Konvent schließt direkt südlich an die Klosterkirche an. Wir sehen

Rechts: Ein Ort der Stille im Trubel des fürstli-chen Schlosses – der Kreuzgang

Bild S. 138/139: Die Prunkräume von Schloss St. Emmeram

ihn vor uns, sobald wir die Vorhalle verlassen haben. Wenn wir den Alten Konvent – daran anschließend das neue, barocke Konventsgebäude – nun passieren und in Richtung des Haupteingangs des Schlosses gehen, liegt rechts von uns der imposante klassizistische Marstall, ein Hauptwerk von Jean Baptiste Métivier, eines Mitarbeiters Leo von Klenzes. Im Inneren der Reithalle befindet sich eine Relieffolge Ludwig Schwanthalers, des bedeutendsten bayerischen Bildhauers des Klassizismus. Passend zur hippologischen, also auf Pferde konzentrierten, Ausrichtung des Gebäudes zeigt der Bildhauer ein Panorama antiker Wagenrennen – zumeist mit göttlicher Beteiligung. Um allerdings in den Genuss der Reithalle kommen zu können, ist eine Eintrittskarte für die Museen des Schlosses nötig. Die zahlreichen Prunkkutschen der ehemaligen Postmonopolisten Thurn und Taxis und die als Zweigstelle des *Bayerischen Nationalmuseums* betriebene Schatzkammer des Hauses lohnen den Eintrittspreis jedoch in jedem Fall.

Das eigentliche Hauptschloss, auf das wir, wenn wir uns weiter geradeaus halten, automatisch zusteuern, befindet sich im Ost- und Südflügel der Anlage. Ersterer verknüpft unter einer einheitlichen historistischen Renaissancefassade spätmittelalterliche und barocke Gebäudeteile, letzterer ist eine eigenständige Schöpfung des späten 19. Jahrhunderts. Die Prunkräume, die nur mit einer Führung zu besichtigen sind, befinden sich in diesen beiden Bauten.

Aus der Raumfolge ragt vor allem der Grüne Salon heraus. Leo von Klenze schuf diesen Raum 1817 als Schlafzimmer für Fürstin Therese, geborene Herzogin zu Mecklenburg. Er ist als einziger Raum dieser frühen Ausstattungsphase im sogenannten Empire-Stil erhalten, der sich vom napoleonischen Frankreich aus in ganz Europa – und damit natürlich auch in Regensburg – verbreitete. Sehenswert sind auch die prunkvoll mit Stuckmarmor ausgestatteten Treppenhäuser, der Ballsaal, der die Rokokoausstattung des Frankfurter Palais der Thurn und Taxis mit neubarocken Elementen kombiniert, und der Wintergarten, der bis heute als Palmenhaus genutzt wird.

Entgehen lassen sollten Sie sich die Führung ohnehin auf keinen Fall, denn nur über das Schloss gelangen Sie in den Kreuzgang der Benediktinerabtei – mit feinster Architektur vom 10. bis ins 14. Jahrhundert. In den Kreuzgang integriert ist auch eine Gruftkapelle, die unter Fürst Maximilian Karl in den Jahren 1835 bis 1841 entstand. Das Mausoleum der Fürstenfamilie nutzt den Kreuzgang als Rahmen für eine filigrane neugotische Architektur. Bekrönt wird dieser wohl bedeutendste Grabbau im neugotischen Stil in Süddeutschland durch eine Christusfigur aus weißem Carrara-Marmor von Johann Heinrich von Dannecker. Auch wenn das neugotische Mausoleum architektonisch kaum etwas mit dem tatsächlich mittelalterlichen Erscheinungsbild des Kreuzgangs zu tun hat, wird man sich dem stillen Zauber dieses Raums kaum entziehen können.

Anhand dieses kurzen Rundgangs durch das Reich der Familie Thurn und Taxis dürfte es bereits klar geworden sein: Das Schloss St. Emmeram ist weniger ein Schloss als eine kleine Stadt in der Stadt: Die weitläufigen Parkbauten integrieren Reste der mittelalterlichen Stadtbefestigung, das historische Helenentor zwischen Emmeramsplatz und Amtsgericht ist ebenso stadtbildprägend wie die fürstliche Allee, die weite Teile des Schlossgartens umschließt und die Bestandteil der letzten Tour sein wird. Sie sehen: Einen Tag wird man auf diesem Gelände leicht verbringen können – vorausgesetzt man ist gewillt, der privaten Trägerschaft Tribut in Form von (je nach Art der Veranstaltung) hohen Eintrittsgeldern zu zollen. Der Park selbst ist leider nur anlässlich der *Gartenschau* im Sommer sowie zu den *Schlossfestspielen* im Juli zugänglich.

Wir machen uns jetzt allerdings auf zu einem anderen Baukomplex, der historisch kaum weniger bedeutend ist als die ehemalige Benediktinerabtei – zum Alten Rathaus der Freien Reichsstadt, das zugleich Versammlungsort der Reichstage in Regensburg war. Dazu kehren wir zurück auf den Emmeramsplatz, biegen beim Evangelischen Krankenhaus rechts ab, gehen an der Bruderhauskirche vorbei und halten uns links, um auf die Obere Bachgasse zu gelangen, der wir bis zur Gesandtenstraße folgen. Jene überqueren wir und folgen der Unteren Bachgasse, die uns geradewegs zum Kohlenmarkt, dem Platz vor dem Alten Rathaus, führt.

Das **Alte Rathaus (Station 5.2)** ist, ganz ähnlich wie das Emmeramer Schloss, in seiner komplexen Bauabfolge auf den ersten Blick kaum zu erfassen. Wir können ganze vier Bauten, die inzwischen zu einem großen Ganzen verschmolzen sind, unterscheiden: Vom Platz aus gesehen am linken äußeren Rand befindet sich der Reichssaalbau, an ihn schließt das Treppenhaus mit dem Torbau an, rechts davon der Kernbau mit einem Patrizierturm und wiederum rechts davon das barocke Rathaus.

Der älteste Baukörper des Ensembles ist der Kernbau. Er dürfte kurz nach der Erhebung zur Freien Stadt 1245 entstanden sein. Der charakteristische Turm mit einer, wie üblich, später vermauerten Loggia im ersten Turmgeschoss entspricht dem klassischen Bild der Regensburger Patrizierburgen. Ob dieser Gebäudeteil tatsächlich von Anfang an als Rathaus oder doch als bürgerlicher Repräsentationsbau geplant war, ist heute nicht mehr nachvollziehbar. Die Botschaft, die diese Bautypologie übermittelt, ist aber in beiden Fällen stimmig: Die aufstrebende Regensburger Bürgerschaft setzte sich in der Formensprache ihrer Familiensitze ein politisches Denkmal, das inmitten des Kaufmannsviertels die Macht der Bürgerschaft demonstrierte.

Eine erste Erweiterung wurde in Form des heute so bezeichneten »Reichssaalbaus« in der ersten Hälfte des 14. Jahrhunderts vorgenommen. Um 1330 entstand ein prachtvoller Bau mit Gerichtsräumen im Erdgeschoss und einem Festsaal im ersten Obergeschoss. Platzprägend und von immenser politischer Bedeutung ist der Standerker in der Formensprache der Gotik. Er garantiert für die Ratsherren zugleich Sichtbarkeit von außen und Überblick von innen. Der Erker ist ein überaus filigranes Symbol der Stadtherrschaft, wie es sich durchaus ähnlich auch am Rathaus der konkurrierenden Handelsstadt Nürnberg findet. Rathauserker werden nur wenige Jahrzehnte später zum festen Repertoire der Formensprache bürgerlicher Repräsentation gehören. Im 14. Jahrhundert allerdings dürfte Regensburg mit diesem Erker an der Spitze der architektonischen Bewegung gewesen sein.

Erst weit mehr als hundert Jahre später, im 15. und 16. Jahrhundert, wurden die beiden Bauten miteinander verbunden. Der Tordurchgang mit seiner Überbauung entstand Ende des 15. Jahrhunderts, die Bauzier am Aufgang zum Saal 1564.

Das Schmuckportal greift allerdings die Formensprache der Gotik wieder auf. Es integriert ein älteres Relief mit zwei Personifikationen der städtischen Macht, gemeinhin als »Schutz und Trutz« bezeichnet, in eine zum Zeitpunkt der Entstehung fast schon altertümliche gotische Portalarchitektur, sodass die Eingangssituation tatsächlich bis heute wie eine reine Schöpfung der Spätgotik wirkt.

Derartige Stiladaptionen kennen wir auch aus dem Schlossbau des 16. Jahrhunderts. Ältere Stilstufen betonen das historisch Gewachsene der Herrschaft – hier des Rates – und verleihen ihr eine Historizität, die weit über die reine Zeitgenossenschaft hinausreicht. Für Karl August von Sachsen-Weimar, Goethes fürstlichem Gönner, waren die Portalfiguren »die besten Deutschen Bildsäulen [...], die ich in Deutscher Art und Kunst *gesehn zu haben glaube*«. Seinem Urteil können wir uns eigentlich nur anschließen: »Die Figuren sind im großen Styl gemacht und besitzen eine Lebhaftigkeit und Wahrheit, die mich ordentlich erschüttert hat.«

Der barocke Rathausflügel, der von 1721 bis 1723 entstand, integriert zwar weite Teile mittelalterlicher Vorgängerbauten, beeindruckt heute aber vor allem durch seine, für Regensburg durchaus ungewöhnliche, einheitliche Fassadengestaltung, die durch eine illusionistische Fassadenmalerei noch zusätzlich gesteigert wird. Zwischen zwei Eckrisaliten, also einem vor die Fassade tretenden Architekturelement, erstreckt sich eine Mittelachse mit einem Säulenportal, das von zwei allegorischen Figuren gerahmt wird. Im Gegensatz zu den mittelalterlichen Vertretern, die mit Schutz und Trutz zwar volksnah, aber sicherlich auch mit gehöriger Fantasie benannt sind, vermögen wir diese barocken Allegorien auch eindeutig aufzulösen: Gerechtigkeit und Weisheit sind bekanntlich die Säulen jeder guten Regierung. Das sollten sie idealerweise auch in Regensburg – damals wie heute – sein. Das Portal ist also nicht nur ästhetisch ansprechend gestaltet, sondern zugleich eine Mahnung an die hier durchschreitenden Stadtväter.

Das Innere des Alten Rathauses ist – außer zu hohen Empfängen und bei den hier zahlreich stattfinden Trauungen – leider wiederum nur mit Führung zugänglich. Gerade für das Verständnis des Immerwährenden Reichstags ist diese allerdings sehr zu empfehlen. Der Reichssaal, ursprünglich ein Festsaal für die Regensburger Bürgerschaft, präsentiert sich heute ganz im Zeichen der

Oben: Das Alte Rathaus brüstet sich mit seinem markanten Erker an zentraler Stelle.

Unten: In diesem Zimmer blieben die mächtigen Kurfürsten unter sich.

Reichstage. Die zum Teil rekonstruierte Möblierung spiegelt ebenso wie die Bemalung an den Wänden die herausragende Bedeutung des Saals, der seit seiner Erbauungszeit gänzlich ohne unterteilende Stützen auskommt, für das politische Geschehen im Alten Reich wider.

Hier wurde im Plenum beraten und gestritten und – so viel Folklore muss sein – einiges auch *auf die lange Bank geschoben*. Die Bedeutung dieser Redewendung wird beim Blick auf einen Stich von Matthäus Merian klar. Der Stich zeigt die Sitzordnung der Gesandten des Reichstags. Sie saßen im Saal an den Längswänden aufgereiht auf einer langen Bank, die aus Sitztruhen gebildet wurde. Wenn die Akten und Protokolle am Ende der Beratungen in den Truhen verschwanden, wurden Probleme – und dies soll beim Reichstag durchaus vorgekommen sein – eben auf oder besser in die lange Bank geschoben.

Der wichtigste Beratungsort dürfte allerdings nicht das Plenum im Saal, sondern das Beratungszimmer der Kurfürsten gewesen sein. Hier wurden am, wiederum sprichwörtlich gewordenen, grünen Tisch die großen politischen Richtungsentscheidungen getroffen. Überhaupt müssen wir uns den Prozess der Entscheidungsfindung – gerade zu Zeiten des beständig tagenden Reichstags – als überaus schwierig vorstellen. Nachdem das Thema im Plenum verlesen wurde, musste es von den Gesandten mit ihren Dienstherren in der Heimat abgestimmt werden, weitere Beratungen fanden dann in den Räten statt. Hier teilte sich die Versammlung in den Rat

der Kurfürsten, der Fürsten und der Freien Reichsstädte auf. Oberstes Ziel war dabei in jedem Fall Einstimmigkeit – bei weit über 100 Teilnehmern oftmals ein Ding der Unmöglichkeit.

Dieser enorm schwierige Prozess der Entscheidungsfindung führte wohl zu dem wenig schmeichelhaften Ruf des Immerwährenden Reichstags als ineffizientem Debattierklub, den er sich schon bei Zeitgenossen eingehandelt hatte. Andere sehen heute in ihm jedoch gar einen Vorläufer des europäischen Parlaments. Der Historiker Joachim Whaley, dem wir die jüngste umfassende Monografie zu Struktur und Politik des Alten Reichs verdanken, rät hier zu einer etwas vorsichtigeren Bewertung: *»Diese Überspitzung gilt nur eingeschränkt. Die im Reichstag Versammelten vertraten die Reichsstände – Fürsten, Stadtmagistraten und so fort – und nicht deren Untertanen; diese Idee tauchte erst in aufklärerischen Reformvorschlägen um 1760 auf. Dass der Reichstag permanent tagte, ging zudem darauf zurück, dass man in den entscheidenden konstitutionellen Punkten zu keiner Entscheidung kam. […] Dennoch entwickelte sich der Reichstag langsam vom konstitutionellen Kongress zu einem frühmodernen Parlament der Reichsstände.«*

Waren sich die einzelnen Räte untereinander einig, musste noch der Kaiser dem Beschluss zustimmen. Die so gefassten Entscheidungen nannte man »Reichsschluss«. So ist auch jener Beschluss, der 1803 unter dem Einfluss Napoleons die tiefgreifende Reform des Reichs einleitete – und damit seinen Untergang vorwegnahm – ganz sachlich nüchtern als »Reichsdeputationshauptschluss« in die Geschichte eingegangen. Dieser aufwendige Prozess der Entscheidungsfindung lässt sich bis heute an der Raumfolge ablesen. Im Rathaus sehen wir immer noch die Verhandlungszimmer der einzelnen Räte: am wichtigsten sicherlich das Kurfürstenkollegium mit Nebenzimmer, das Fürstenkollegium und das Kollegium der Reichsstädte.

Eine rechtshistorische Besonderheit befindet sich im Kellergeschoss des Alten Rathauses. Hier hat sich tatsächlich eine mittelalterliche Fragstatt, im Volksmund als Folterkammer bekannt, erhalten. Die Struktur der Fragstatt mit Foltergeräten, einem Holzgitter, hinter dem die sogenannten Fragherren saßen, und Gefängniskammern, die zur kurzzeitigen Haft bis zur Urteilsverkündung dienten, ist bis heute klar ablesbar. Man sollte aber – gerade auf den Führungen durch das Alte Rathaus, die erfahrungsgemäß den Gruselfaktor dieses Ortes weidlich auskosten – nicht den Fehler begehen, und heutige Maßstäbe an das spätmittelalterliche Rechtssystem anlegen. Der klar gegliederte Ablauf einer Befragung – vom Zeigen der Instrumente bis zum tatsächlichen Einsatz – war ein Fortschritt gegenüber älteren tradierten Stammesrechten. Weder wurde hier zu Tode gefoltert, noch war physische Qual ein genuines Ziel dieser Tortur. Trotzdem lassen sich nicht nur die Führer und ihr Publikum hier gerne wohlig gruseln, sondern auch frühere Regensburg-Reisende. So notiert Thomas Mann anlässlich eines Ausflugs nach Regensburg 1920 in sein Tagebuch: »Sah ferner den Reichstags-Saal im Rathaus;

[…] die Folter-Kammern, die einzigen, in denen Alles steht und liegt, wie es war.« Etwas weniger touristisch – und dafür umso schauerlicher – klingt dagegen die Verarbeitung des Regensburgbesuchs in Thomas Manns großem Zauberberg-Roman: »So kannte er die großen Folterkammern von Nürnberg, von Regensburg, zu Bildungszwecken hatte sich näher dort umgesehen. Allerdings, dort hatte man dem Leibe um der Seele willen recht unzärtlich zugesetzt, auf mancherlei sinnreiche Weise. Und nicht einmal Geschrei hatte es gegeben. Die Birne in den offenen Mund gerammt, die berühmte Birne, an sich schon kein Leckerbissen,– und dann hatte Stille geherrscht in aller Geschäftigkeit …«

Nach der ausgiebigen Besichtigung des Rathauses verlassen wir den Sitz des Immerwährenden Reichstags wieder über die Untere Bachgasse und schlendern zur Gesandtenstraße zurück. Bald stoßen wir auf das Langhaus der **Dreieinigkeitskirche (Station 5.3)**, an dem wir entlanggehen, um beim Ölberg links abzubiegen. Dort befindet sich das Hauptportal der Kirche. Die Dreieinigkeitskirche ist der erste große protestantische Neubau der Reichsstadt. Sie entstand zwischen 1627 und 1631 – also mitten im Dreißigjährigen Krieg und noch einige Jahre vor der Etablierung des Immerwährenden Reichstags. Erbaut wurde die Kirche vom Nürnberger Baumeister Johann (genannt Hanns) Carl, der nach seiner Regensburger Tätigkeit vor allem in Nürnberg im Zusammenhang mit Verteidigungsanlagen aller Art bezeugt ist. Trotzdem hat der Bau der Dreieinigkeitskirche nichts vom fortifikatorischen

Schwerpunkt seines Baumeisters. Gerade der westliche Eingangsbereich mit seiner fast dezenten, aber wirkungsvollen Portalarchitektur und dem Wechsel von verputztem Mauerwerk und Hausteinen an den Ecken weist deutlich über das Mittelalter hinaus. Kein Zweifel, wir haben es hier mit einem Neubau im Gewand der Spätrenaissance bzw. des Frühbarocks zu tun.

Dieser Eindruck setzt sich im Inneren fort: Wir sehen einen großen Saal, der von einem monumentalen Tonnengewölbe überspannt wird. Ein letzter Rest spätgotischer Tradition befindet sich im Chor der Kirche. Ein – konstruktiv unnötiges – Netzrippengewölbe aus Stuck stellt gleichsam die Verbindung zwischen Vergangenheit und Gegenwart her. Das Highlight der sakralen Ausstattung ist ohne Zweifel das prachtvoll verzierte Gestühl im Chor. Es war nicht, wie in den Kirchen der Altgläubigen, den Klerikern vorbehalten, sondern den Mitgliedern des Inneren Rates, die ja im 16. Jahrhundert geschlossen zum protestantischen Glauben übergetreten waren.

Auf der Empore der Kirche befinden sich seit dem 18. Jahrhundert eigene Oratorien für die protestantischen Reichstagsgesandten. Die eindrucksvolle Mittelloge war für Herzogin Therese von Mecklenburg-Strelitz, verheiratet mit Karl Alexander von Thurn und Taxis, Prinzipalkommissar des Reichstags, reserviert. Die Verbindung der Dreieinigkeitskirche zur großen Politik blieb also nicht auf die Mitglieder des Rats beschränkt, sondern machte die Kirche in Zeiten des Immerwährenden Reichstags gleichsam zum

place to be für die protestantischen Gesandten.

Dies ist auch der Grund, warum die Dreieinigkeitskirche an ihrer Süd- und Ostseite außen von Grabmälern gesäumt wird: Sie erinnern in der Mehrzahl an protestantische Gesandte des Reichstags, weswegen der kleine Friedhof auch als »Gesandtenfriedhof« bezeichnet wird. Inzwischen ist der Friedhof regulär vom Inneren der Kirche aus zugänglich. Die höchst qualitätsvollen barocken Grabmäler sollten Sie keinesfalls auf ihrem Rundgang verpassen. Wer keine Angst vor Treppenstufen und der schwindelerregenden Höhe hat, kann auch den – zugegebenermaßen nicht ganz kurzen – Weg zur Turmspitze der Kirche auf sich nehmen. Die Mühen werden mit dem vielleicht besten Blick über die Dächer der Reichsstadt belohnt.

Von der Dreieinigkeitskirche aus gehen wir zurück auf die Gesandtenstraße, der wir bis zum **Bismarckplatz (Station 5.4)**, dem klassizistischen Juwel Regensburgs, folgen. Bereits beim ersten Betreten des Platzes wird uns klar: Der Bismarckplatz ist gänzlich anders als alles, was wir bislang in Regensburg an Platzarchitektur gesehen haben. Mit dem Kornmarkt, dem Haidplatz oder dem Neupfarrplatz ist er nicht vergleichbar. Alles atmet hier den Zeitgeist des frühen 19. Jahrhunderts – durchaus bemerkenswert im mittelalterlich geprägten Regensburg. Der Platz wird rechter Hand durch den Theaterbau dominiert, linker Hand durch das Palais der französischen Gesandtschaft. Beide Gebäude entstanden in rascher Folge nach dem Regierungsantritt des Fürstprimas Karl Theodor

Der Beginn des Barock in Regensburg ist durchaus noch dem Erbe der Spätgotik verhaftet – der Chor der Dreieinigkeitskirche.

von Dalberg von 1803 bis 1805. Als Baumeister zeichnete Emanuel von Herigoyen verantwortlich, Hofarchitekt des Fürstprimas mit portugiesischen Wurzeln.

Herigoyen hatte in Lissabon, Paris und Wien gelernt – er war also mit den neuesten Moden der klassizistischen Architektur vertraut. Wer die Fassade der französischen Gesandtschaft mit ihrem Portikus samt sechs kolossalen Säulen in korinthischer Ordnung sieht, dürfte daran auch keinen Zweifel mehr haben. Natürlich huldigt Herigoyens Bau mindestens ebenso sehr dem Klassizismus wie der französischen Gesandtschaft selbst – und damit letztendlich dem eigentlichen Herrscher Europas, Napoleon.

Im Gegensatz zum Palais überdauerte Herigoyens Theater nicht einmal 50 Jahre. Bereits 1849 wurde es durch einen Brand zerstört, aber in Anlehnung an die Pläne des Hofbaumeisters wieder aufgebaut. Aus dieser Zeit stammt auch der Hauptsaal des Theaters, der den Typus des barocken Rangtheaters – in Süddeutschland mustergültig erhalten im Bayreuther Opernhaus – wieder aufgreift. Näher an Herigoyens Planungen dürfte aber der ebenfalls für zahlreiche Veranstaltungen genutzte klassizistische Neuhaussaal sein.

Wer das Glück hat, Regensburg im Sommer zu besuchen, der sollte sich nun von der – ein Klischee, das ausnahmsweise wirklich zutrifft – regelrecht südländischen Atmosphäre des Platzes verzaubern lassen und einen der zahlreichen Freisitze der Cafés besetzen. Die klassizistische Prachtentfaltung des Hofbaumeister Herigoyen und seines Dienstherren Karl Theodor von Dalberg währte leider nur kurz. Unter der königlich-bayerischen Herrschaft wäre eine derart auftrumpfende Platzgestaltung wohl nicht mehr möglich gewesen. Genießen wir also demütig diesen letzten Abglanz bedeutender Zeiten, denn vor uns liegt – auf unserer nächsten Tour – jenes gute Jahrhundert, in dem Regensburg seine Rolle als bayerische Stadt erst einmal neu zu finden hatte.

Das Theater am Bismarckplatz bietet den Musen eine standesgemäße Unterkunft.

Tipps für Freunde des Klassizismus (s. S. 220)

Wer am Bismarckplatz sozusagen klassizistischen Geschmack gefunden hat, der sollte seine Route unbedingt noch um einen Abstecher auf die andere Donauseite erweitern. Jene kleine bayerische Stadt mit dem Namen Stadtamhof, mit der dieses Kapitel angefangen hat, ist durch einen Schicksalsschlag zum zweiten Hort der klassizistischen Architektur in Regensburg geworden. Im Fünften Koalitionskrieg wurde Stadtamhof zwischen französischen und österreichischen Truppen regelrecht zerrieben.

Am 23. April 1809 beschossen die flüchtenden Österreicher die Stadt systematisch, setzten sie in Brand und machten weite Teile Stadtamhofs dem Erdboden gleich. Die heutige Hauptstraße – von der Steinernen Brücke bis zum Pylonentor – ist gleichsam ein Produkt dieser Kämpfe. Sichtbarstes Zeichen des rasch erfolgten Wiederaufbaus ist eben jenes klassizistische Pylonentor, das die boulevardartige Hauptstraße zur Donau hin abschließt.

Rund um die Hauptstraße haben sich allerdings mit dem Andreasstadel aus dem 17. Jahrhundert, heute Kunstakademie, Programmkino und Restaurant in Einem, der Barockkirche St. Mang und der mittelalterlichen Spitalkirche durchaus auch Zeichen früherer Epochen erhalten, sodass ein Spaziergang durch Stadtamhof in jedem Fall lohnt.

Doch nicht nur bauhistorisch werden Sie hier auf Ihre Kosten kommen: Seit geraumer Zeit ist die ehemals mit der Reichsstadt verfeindete bayerische Enklave zur vielleicht interessantesten Vorstadt Regensburgs geworden. Das 1924 eingemeindete Stadtamhof hat sich von einem beschaulichen Örtchen am Rande der Altstadt zum mutmaßlich hippsten Viertel der Stadt gemausert. Kulturell bietet der *Andreas-Stadel* (so die Eigenschreibweise) ein kleines, feines Kinoprogramm, an der Hauptstraße reihen sich Cafés, Restaurants, eine Biomarkt und kleine inhabergeführte Läden wie Perlen an eine Kette. Und wem das alles nicht reicht, der kann im *Spitalgarten* beim Blick auf die Donau und die Regensburger Stadtsilhouette über seinem Bier die Zeit vergessen. Sie sehen: Einen Abstecher nach Stadtamhof sollten Sie, nein, *müssen* Sie einplanen.

Im Andreasstadel werden heute keine Naturalien mehr gelagert. Hier wird nun der Kunst gefrönt.

Tipp für ein aufregendes Naturschauspiel (s. S. 220)

Wer nach einem guten Abendessen mit regionaltypischen Brauereierzeugnissen von Stadtamhof (s. S. 150f.) aus in die Stadt zurückschlendert, kann an einem lauen Sommerabend einem der vielleicht kuriosesten Schauspiele Regensburgs beiwohnen. Der Bismarckplatz verwandelt sich im zarten Licht der Abenddämmerung in eine Bühne, der nichts Menschliches fremd ist. Hier finden Sie alles, was zwischen intensivem Flirt und entspanntem Feierabendgespräch unter Kommilitonen noch zu denken wäre. Man sitzt auf, neben und unter – manchmal vielleicht auch im – Brunnen, trinkt Bier, das man sich entweder selbst mitgebracht, beim nahen Brauhaus *Kneitinger* geholt oder beim Pizzaservice *Maradonna* in der Gesandtenstraße gekauft hat und feiert sich, die Stadt und das Leben.

Aber Vorsicht: Wer nicht mehr als Student durchgeht, könnte sich bei diesem abendlichen Treiben leicht etwas verloren vorkommen. Doch auch hier kann Abhilfe geschafft werden: Selbstverständlich haben die Cafés am Platz auch noch in den Abendstunden geöffnet, sodass man das Treiben gerne auch amüsiert aus sicherer Distanz beobachten darf.

Wer sich auf unserer Tour zwischendrin mit einem Kaffee stärken möchte, der ist ebenfalls am Bismarckplatz an der richtigen Adresse. Direkt hinter dem Theater beginnt eine inzwischen auf eine beeindruckende Dichte angewachsene Cafémeile. Am besten, Sie setzen sich nach draußen und beobachten die wogende Menschenmenge, die an Ihnen vorbeiströmt. Näher werden Sie dem Gefühl des Sehens und Gesehenwerdens, das in Bayern vor allem Münchens berühmtes *Café Tambosi* am Odeonsplatz mustergültig verbreitet, in Regensburg garantiert nicht kommen.

Zu guter Letzt: Natürlich können Sie, wie Horden von anderen Touristen auch, auf unserer Tour genauso gut im *Fürstlichen Brauhaus* gegenüber des Emmeramer Schlosses haltmachen. Sie sitzen dann im umfunktionierten neuen fürstlichen Marstall, der Anfang des 20. Jahrhunderts entstand, essen mehr oder weniger regionale Spezialitäten und trinken – leider zu Münchner Preisen – ein fantastisches, vor Ort gebrautes Bier, das es auch wirklich nur hier zu kaufen gibt.

Der Bismarckplatz und die Alte Wache werden im Sommer nicht nur anlässlich des Jazzweekends zur Bühne für Konzerte.

6. Eine Reichsstadt wird bayerisch oder Das königliche Regensburg

Nicht alles entwickelte sich schlecht für Regensburg im Königreich Bayern. Die Stadt konsolidierte sich wirtschaftlich. Sie fand durch Maßnahmen wie der Gründung des Bahnhofs, durch das ehrgeizige Projekt eines Ludwig-Donau-Main-Kanals und durch den Bau eines neues Hafens langsam Anschluss an die modernen Zeiten. Die Betonung liegt auf *langsam* – gerade wenn man sich das gleichzeitige enorme Wachstum einer Stadt wie Nürnberg ansieht, die ebenfalls lange von ihrer Bedeutung als Freie Reichsstadt gezehrt, aber den Sprung ins Industriezeitalter sehr viel entschiedener als Regensburg gewagt hatte.

Es ist kein Zufall, dass die für die Stadt prägendste Änderung in dieser frühen bayerischen Phase weniger mit Verkehr und Industrie zu tun hat, als mit der ruhmreichen Vergangenheit: König Ludwig I. ließ nach über 600 Jahren den Dom vollenden. Das von der Bürgerschaft der Stadt zum Dank im Jahr 1902, also über fünfzig Jahre nach Ludwigs Abdankung, die 1848 seiner pikanten Affäre mit der Tänzerin Lola Montez geschuldet war, und über dreißig Jahre nach seinem Tod, errichtete Reiterdenkmal steht nach einigen Jahren im Exil in Bahnhofsnähe seit Kurzem wieder dort, wo es hingehört – vor dem Dom. Dort blickt der König vom Pferd aus auf die Domtürme, die ja nicht zuletzt sein Vermächtnis für Regensburg sind.

Überhaupt dürfte der geschichtsbegeisterte Ludwig der letzte bayerische Herrscher des Hauses Wittelsbach gewesen sein, der tatsächlich die Bedeutung Regensburgs für die bayerische Geschichte gespürt hatte. So äußerte er anlässlich der Grundsteinlegung der nahen Walhalla 1830:

»Ich freue mich nach Regensburg zu kommen; ich war schon längst willens, diese Stadt zu besuchen, ich wollte aber zugleich die Legung des Grundsteins zur Walhalla damit verbinden. Ich kenne eure Lage sehr wohl; Regensburg hat viel durch den Reichstag verloren; diesen kann ich nicht ersetzen, was ich aber tun kann, soll geschehen und tue ich gern. Regensburg hätte bei seiner vorteilhaften Lage an dem mächtigen Donaustrome mit seinem milden Klima der Regierungssitz der bayerischen Regenten bleiben sollen.«

Ob Ludwig Regensburg wirklich jemals als bayerische Hauptstadt in Betracht gezogen hat, darf man getrost bezweifeln. Der in München seit der Renaissance gewachsenen, gebauten Familientradition der Residenz konnte sich der König kaum entziehen. Allerdings beweist der jüngste Fund von Tagebüchern des Regenten im Keller der Walhalla, dass Ludwig trotzdem kaum geflunkert hat: Er scheint beim Wiener Kongress, als dessen Ergebnis der Deutsche Bund, ein

Er schaut sicherlich zufrieden auf sein Werk – König Ludwig und der auf sein Geheiß vollendete Dom.

*Der Hauptbahnhof geht inzwischen gerade-
wegs nahtlos in die »Regensburg Arcaden«
über.*

Zusammenschluss etlicher Herrschaftsgebilde des ehemaligen Heiligen Römischen Reichs, entstanden war, tatsächlich für Regensburg als Hauptstadt eingetreten zu sein.

Zur Verwirklichung dieser Idee ist es nicht gekommen. Trotzdem hat es Ludwig gleichsam aus eigenem Antrieb geschafft, das ideelle Zentrum des Deutschen Bundes in Regensburg zu verorten: Seine Walhalla, die Ruhmesstätte aller Deutschen, siedelte er sicherlich nicht ohne Grund genau hier an. Seit 1842 thront die Walhalla als steinernes Paradoxon über dem Regensburger Vorort Donaustauf: Benannt nach dem Kriegerparadies der germanischen Mythologie präsentiert sich die Walhalla von außen als Wiedergänger des griechischen Parthenon, des Athener Tempels für die Stadtpatronin Pallas Athene.

Ebenfalls nicht weit von Regensburg entfernt entstand in Kelheim noch ein zweites Monument der königlichen Gedächtnisarbeit. Die Befreiungshalle, deren Vollendung der inzwischen abgedankte König von seinem Privatvermögen bezahlte, erinnert an den Sieg der vereinigten deutschen Truppen gegen Napoleon in den Befreiungskriegen 1813–1815 und wurde fünfzig Jahre nach der Leipziger Völkerschlacht 1863 feierlich eingeweiht.

In Regensburg selbst fehlte während Ludwigs Regierungszeit ein repräsentatives königliches Gebäude. Jenes entstand erst unter seinem Sohn und Nachfolger Maximilian II. Da Maximilian im Gegensatz zu seinem Vater eher von der Neugotik englischer Prägung als von der Antike begeistert war, brachte er mit seinem Schlossbau eine neue architektonische Facette nach Regensburg. Die als Sommerresidenz geplante – und als solche zugegebenermaßen nahezu ungenutzte – Königliche Villa an der Donau präsentiert sich geradewegs so, als wäre ein Herrenhaus von einer britischen Grafschaft nach Regensburg versetzt worden.

Hatte schon Maximilian kaum Zeit gefunden, seine Herrschaft in Regensburg mit symbolischer Architektur zu untermauern, so lag die Stadt bei seinem Nachfolger Ludwig II. nahezu gänzlich außerhalb dessen Wirkungskreises. Die Leidenschaft des von der Nachwelt zum »Märchenkönig« stilisierten Regenten galt gebauten Privatvisionen, die als Stein gewordene Zeitreisen in der Abgeschiedenheit der Berge hervorragend funktionierten – und bis heute funktionieren –, in einer Stadt wie Regensburg allerdings kaum Sinn gehabt hätten.

Mit dem neuen Deutschen Reich unter Führung eines Hohenzollernkaisers, das 1871 im Spiegelsaal von Versailles ausgerufen wurde, endete zwar nicht die Zeit des bayerischen Königreichs, aber zumindest dessen politische Unabhängigkeit. Regensburg war nun eine mittelgroße bayerische Stadt in einem neuen großen deutschen Gebilde. Der Symbolcharakter der Stadt für Bayern, den wir auf dem Rundgang durch das Regensburg der bayerischen Könige an allen Ecken und Enden noch entdecken können, schien vorerst keine Rolle mehr zu spielen.

Rundgang durch das königlich-bayerische Regensburg

Unser Rundgang kann dieses Mal aufgrund der weiten Distanzen leider kein wirklicher Rundgang sein. Sie können zwar bei guter Kondition den Weg von Regensburg nach Donaustauf, also zur Walhalla, durchaus wagen, aber die Strecke von der Innenstadt bis nach Donaustauf zieht sich. Wir starten also mit einer kurzen Tour durch die Stadt und machen uns dann – mit dem Bus, mit dem Auto oder gar mit dem Schiff – auf den Weg nach Donaustauf.

Sowohl den Herzogshof als auch den Domplatz haben wir inzwischen ausgiebig besichtigt. Natürlich ist Ihnen dabei auch das **Reiterstandbild Ludwigs I. (Station 6.1)**, das Sie vom Domplatz kommend auf der Seite des Herzogshofs finden, bereits aufgefallen. Es wurde, wie bereits erwähnt, von der Regensburger Bürgerschaft 1902 zur Erinnerung an die Verdienste König Ludwigs um die Vollendung des Doms aufgestellt und musste bereits gut dreißig Jahre später seinen Gang ins Exil – zur Bahnhofsallee – antreten. Den nationalsozialistischen Machthabern war der Kult um den königlichen Förderer an dieser prominenten Stelle wohl etwas zu viel – und bürgerlicher Zorn über die Versetzung war von den notorisch bayernskeptischen Regensburgern auch kaum zu erwarten.

Das Standbild auf mächtigem Sockel ist eine Produktion der Erzgießerfamilie Miller, die die bayerische Denkmallandschaft des 19. und frühen 20. Jahrhundert entschieden geprägt hat. Leichtigkeit und Dynamik spielten in ihren Werken weniger eine Rolle als statuarische Feierlichkeit und Monumentalität. Auch ihre Version des bayerischen Königs reiht sich hier ein: Mit erhobenem Zepter sitzt er fest im Sattel und richtet seinen Blick auf die Domtürme. Tatsächlich schließt die Wiederaufstellung der Figur vor der heutigen Regensburger Postzentrale eine vorher kaum empfundene Lücke im Bereich des Doms. Sie gliedert den Platz und integriert das Gedenken an den königlichen Förderer – zumindest subtil – in die lang andauernde Baugeschichte des Doms ein.

Zudem geht das monumentale königliche Denkmal eine neue, reizvolle räumliche Beziehung mit dem zeitgenössischen Brunnen auf dem benachbarten Albrecht-Altdorfer-Platz, direkt vor dem Eingang des Hotels im Herzogshof, ein. Dort befindet sich bereits seit 1981/82 der aus einer langen, eine amorphe Masse tragenden Säule gebildete **Albrecht-Altdorfer-Brunnen (Station 6.2)** des bedeutenden zeitgenössischen Bildhauers Fritz Koenig. Das Werk des niederbayerischen Künstlers von Weltrang, dessen »Kugelkaryatide N.Y.« inzwischen zu den zentralen Objekten der künstlerischen Gedenkkultur rund um den Terroranschlag des 11. Septembers 2001 zählt, hat gerade durch die Konfrontation mit dem gleichsam erdenschweren Denkmal des bayerischen Herrschers wieder an Eleganz und städtebaulicher Bedeutung für Regensburg gewonnen. Es zeigt eine schlanke Säule, die eine seltsam undefinierte, surreale Masse zu tragen scheint.

Oben: Fritz Koenigs Skulptur beherrscht den Platz zwischen Herzogshof, St. Ulrich und Dom.

Unten: Die Königliche Villa thront über der Donau und damit inzwischen auch über den Kreuzfahrtschiffen.

Nachdem wir den Bereich rund um den Dom verlassen haben, orientieren wir uns Richtung Donau und schlendern die Thundorferstraße an der Donau entlang bis zur Eisernen Brücke, die den Unteren Wöhrd, eine Donauinsel, mit der Altstadt verbindet. Schon von Weitem fällt uns der wuchtige Baukörper des *Museums der bayerischen Geschichte* ins Auge, welcher der Stadt einen neuen architektonischen Akzent hinzufügt. Mit seiner Platzarchitektur verbindet das Museum die Donau mit der Altstadt und ersetzt eine Brachfläche, die bislang als stadtnaher Parkplatz genutzt wurde. Dass sich die Hauptanlegestelle der Jahr für Jahr immer zahlreicher nach Regensburg eintrudelnden Kreuzfahrtschiffe just hier befindet, dürfte für das Museum nicht von Nachteil sein. Aber auch die Stadt hat von der neuen Architektur gewonnen: Die Anlegemeile ist so zu einem kulturellen Boulevard geworden, der vom Donaumarkt bis zur Königlichen Villa reicht und den Stadtosten neu an die Altstadt anbindet.

Eben jenen Donauboulevard wandern wir nun entlang, um nach wenigen Minuten am Fuße der **Königlichen Villa (Station 6.3)** zu stehen. Auf der ehemaligen Ostenbastei der Stadtbefestigung thront sie über der Donau und ermöglicht in ihrem Inneren einen Blick auf die umliegenden Landschaft und zur Walhalla, dem größten königlich-bayerischen Monument in der Umgebung.

Heute ist die ehemalige Sommerresidenz Maximilians II., die mit ihrer Architektur zwischen neugotischem Schloss und Reminiszenzen an die Bausprache mittelalterlicher Burgen den ästhetischen Vorlieben ihres Bauherren entspricht, Sitz der Oberpfälzer Abteilung der Landesdenkmalpflege. An originalen Ausstattungsgegenständen hat sich leider nahezu nichts erhalten.

Von daher lohnt der Gang über die Treppenanlage hinauf zur Villa weniger wegen ihrem – ohnehin nicht regulär zu besichtigenden – Innenleben, sondern allem wegen der anschließenden Parkanlage, dem Villapark. Dieser kleine, vom Münchner Oberhofgärtner Carl Effner angelegte Park folgt in seiner Struktur dem ehemaligen Stadtgraben der Stadtbefestigung. Wo einst die Stadt verteidigt wurde, können wir uns heute ganz zivilisiert und unkriegerisch an Rasenflächen und Blumen erfreuen.

Nach einem kleinen Spaziergang durch den Park beenden wir unseren Rundgang auf den Spuren der bayerischen Könige in Regensburg und machen uns auf den Weg zur **Walhalla (Station 6.4)** in Donaustauf. Sie können die Reise selbstverständlich recht unkompliziert mit dem ÖPNV vom Dachauplatz oder vom Zentralen Busbahnhof an der Albertstraße (Linie 5) aus antreten, Sie können aber auch die Nähe zur Schiffanlegestelle nutzen und auf der Donau zu diesem durchaus kuriosen »Tempel der Deutschen« inmitten der Oberpfalz gelangen.

Für welches Beförderungsmittel auch immer Sie sich entscheiden – der erste Blick auf die Walhalla dürfte Sie verzaubern und zugleich verwirren: Was hat ein griechischer Tempel thronend über der Donaulandschaft zu suchen? Der Symbolcharakter des Bauwerks ist kaum ohne seine Vorgeschichte zu verstehen – und diese ist zugleich die Geschichte des noch jungen Königreichs Bayern.

Napoleon Bonaparte hatte sich bekanntlich während der Französischen Revolution erste militärische Ehren verdient und 1799 die Macht in Frankreich – zuerst als Erster Konsul – übernommen. Seit 1804 fungierte Napoleon als Kaiser der Franzosen und rüttelte das Alte Reich so gehörig durcheinander, dass der ohnehin bereits poröse Körper des Reichs zerbrach. Für das mit Frankreich verbündete Bayern hatte diese Situation im Reich allerdings erst einmal ausschließlich positive Effekte. Aus Kurfürst Maximilian IV. Joseph wurde 1806 König Maximilian I. Joseph von Napoleons Gnaden.

Die Treue zum Kaiser ging so weit, dass Maximilians Tochter Auguste Amalia Ludovika im selben Jahr Eugène de Beauharnais, Napoleons Stiefsohn, heiratete. Erst nach dem erfolglosen Russlandfeldzug, der 1812 auch 30.000 bayerischen Soldaten das Leben kostete, gab Maximilian die Bündnistreue zu Napoleon auf. Am 8. Oktober 1813 verbündete sich das Königreich Bayern mit Österreich – zehn Tage später gelang den verbündeten deutschen Truppen in der Leipziger Völkerschlacht der erste triumphale Sieg über den französischen Kaiser.

Kronprinz Ludwig stand der Bündnistreue schon weit früher kritisch gegenüber. Er war begeistert von der Antike, er hatte in Rom unter Malern und Bildhauern gelebt, aber er war auch ein glühender Deutscher, der Napoleons Einfluss auf das zerfallende Reich nahezu von Anfang an kritisch sah. Mit dem Bündniswechsel seines Vaters war

Ludwigs Zeit gekommen: Unter seinem Einfluss wurde der reformorientierte Minister Montgelas – bis dato der wichtigste politische Denker und Lenker im Königreich – entlassen und 1818 eine neue Verfassung etabliert. Als Ludwig 1825 den Thron bestieg, wollte er Bayern nach seinem Bild umformen.

In seiner Hauptstadt München entstanden – zumeist durch seine beiden bevorzugten Baumeister Friedrich von Gärtner und Leo von Klenze – zahlreiche historisierende Gebäude, die die Stadt an der Isar zu einem neuen Athen machen sollten. Schon Heinrich Heine spottete gewohnt treffsicher über das neue Gesicht Münchens: »*Daß man aber die ganze Stadt ein neues Athen nennt, ist, unter uns gesagt, etwas ridikül, und es kostet mich viele Mühe, wenn ich sie in solcher Qualität vertreten soll. […] Wenn wir noch keinen Sokrates vergiftet haben, so war es wahrhaftig nicht das Gift, welches uns dazu fehlte.*«

Ludwig hatte bald aber nicht nur ideell, sondern auch realpolitisch jeden Grund, sich für einen Vertreter griechischer Werte zu halten: Nachdem das griechische Volk mit Unterstützung zahlreicher europäischer Mächte seinen Unabhängigkeitskrieg gegen das Osmanische Reich siegreich beendet hatte, trat 1832 nach einer Einigung der Unterstützermächte Ludwigs Sohn Otto die Regentschaft an. Bayern und Griechenland waren nun – vorerst – tatsächlich politisch vereint.

Dies ist gleichsam die Vorgeschichte jenes monumentalen griechischen Tempelbaus, den wir nicht in der Peloponnes, sondern mitten in Regensburgs Umland finden. Wie

Oben u. unten: Die Königliche Villa ist ein
Meisterwerk der englisch inspirierten Neugotik
in Süddeutschland.

Bild S. 164/165: Helden anderer Art – die Walhalla wird heute von Touristen und Einheimischen gleichermaßen in Besitz genommen.

ein seltsames Traumgebilde erhebt sich die Walhalla auf einem Berg über der sie umgebenden Landschaft. Um zu diesem Tempel der Deutschen zu gelangen, müssen wir allerdings zuallererst laufen – das Erklimmen der Treppenstufen ist integraler Bestandteil des Symbolcharakters des Gebäudes. Oben angekommen bewundern wir die feierlich anmutende, sachliche Regelmäßigkeit des Baus. Die Walhalla – wie der Kunsthistoriker Jörg Traeger schreibt, als »Zeichen vaterländischer Wiedergeburt buchstäblich gen Sonnenaufgang gebaut« – sollte nach dem Willen ihres Bauherren eine neue Traditionslinie eröffnen und der wiedererstarkten deutschen Nation einen Ehrentempel mit Büsten ihrer größten Vertreter schenken. Sie war von Anfang an als Gedächtnisort für verdiente Deutsche geplant. Dass dabei das männliche Geschlecht in der übergroßen Mehrzahl war – Ausnahmen wie die russische Herrscherin Katharina die Große bestätigen die Regel – entspricht dem Zeitgeist und beginnt sich erst in jüngster Zeit durch die vermehrte Aufnahme von bedeutenden Frauen wie Sophie Scholl langsam zu wandeln.

Der Grundstein zu dem von Leo von Klenze geplanten Bau wurde 1830 gelegt, zwölf Jahre später, am 18. Oktober 1842, wurde die Walhalla eröffnet. In den mächtigen gestuften Unterbau sollte eine Halle der Erwartung integriert werden. Hier hätten die Büsten potenzieller deutscher Heroen ein gewisse Wartezeit bis zur Aufnahme in den Tempel der Deutschen verbringen sollen. Diese Planung wurde allerdings nicht umgesetzt.

Der mit kostbarem Marmor ausgestattete Innenraum ist über und über mit Büsten und Gedenktafeln versehen. Er zeigt ein regelrechtes Panoptikum dessen, was der König und seine Berater als genuin deutsch empfanden – in der Hauptsache Herrscher, Feldherren, Wissenschaftler und Künstler. Heutige nationale Grenzen spielten dabei allerdings keine Rolle: Erasmus von Rotterdam und den flämischen Maler Jan van Eyck finden wir in der Walhalla ebenso wie die österreichische Herrscherin Maria Theresia. Erst seit den 1960er-Jahren wächst dieser Pantheon der Deutschen wieder an. Alle paar Jahre feiert die Büstensammlung einen Zugang, der durch den bayerischen Ministerrat auf Empfehlung der *Bayerischen Akademie der Wissenschaften* gewählt wird. Sie sehen: Staatstragend ist die Walhalla auch heute. Wie lange sie dies bleiben wird, ist die Frage – dem Aufstellungsplan nach sind nur noch vier Plätze in der deutschen Ehrenhalle frei. Zuletzt wurde übrigens der große deutsche Dichter und Spötter Heinrich Heine aufgenommen, der für diese Tatsache sicherlich ein paar ironische Zeilen übriggehabt hätte.

Sie sollten sich auf jeden Fall ausreichend Zeit nehmen, um den Innenraum zu besichtigen – und um die aus heutiger Sicht manchmal kurios wirkende Auswahl an zu Ehrenden zu studieren. Nicht jede der Büsten ist freilich ein Meisterwerk der klassizistischen Bildhauerkunst. Nichtsdestoweniger zeigt die Walhalla eindrucksvoll den königlichen Willen zu einer staatstragenden Gedenkarchitektur im Geiste der griechischen

Antike – und ist damit das wohl bedeutendste klassizistische Monument in Süddeutschland.

Diesen Symbolcharakter hat auch Adolf Hitler erkannt. Die Nationalsozialisten missbrauchten die Walhalla gut hundert Jahre nach ihrer Erbauung 1937 als Bühne für ihre faschistische Geschichtspolitik. Anlässlich der Enthüllung der Statue von Anton Bruckner, neben Richard Wagner einer der Lieblingskomponisten des Führers, besuchte Hitler Regensburg und die Walhalla. Allerdings scheint sich die Erwartung an das durchaus national gestimmte, aber keineswegs einfältig-nationalistische Monument König Ludwigs I. nicht erfüllt zu haben. Zumindest war der Besuch für Hitler derart unerfreulich – gerüchteweise sei ihm im Reichstagssaal fast ein Leuchter auf den Kopf gefallen – dass er kein weiteres Mal nach Regensburg kam. Trotzdem darf der Gestaltungswille der Nationalsozialisten in Regensburg nicht unterschätzt werden – das aber ist ein Thema unseres nächsten und letzten Rundgangs.

Im glanzvollen Innenraum des Ruhmestempels können Sie den Büsten verdienter deutscher Männer und Frauen Ihre Aufwartung machen.

Tipp für Burgenfreunde

Da wir nun schon das Stadtgebiet verlassen haben, bietet es sich an, auch die zweite Donaustaufer Sehenswürdigkeit, die Burganlage, zu besichtigen. Da es sich hier um fürstbischöfliches Gebiet handelte, war auch die Burg ein Herrschaftssitz der Regensburger Bischöfe. Eine erste Burg entstand wohl bereits unter Bischof Tuto zwischen 914 n. Chr. und 930 n. Chr.

Von dieser Burganlage ist heute allerdings nichts mehr zu sehen. Die ältesten Bauteile – die Ringmauer, der Palas und Teile der Kapelle – dürften aus der zweiten Hälfte des 11. Jahrhunderts stammen. Die Burg wechselte mehrmals ihre Besitzer und stand immer wieder im Brennpunkt kriegerischer Auseinandersetzungen. Vor allem im Dreißigjährigen Krieg litt ihre Substanz stark.

Heute ist die einst stolze Burg, in der Albertus Magnus als Bischof von Regensburg einen Kommentar zum Lukas-Evangelium verfasste, ein Ruine – allerdings, das werden Sie bei Ihrem Spaziergang durch das Areal merken – eine malerische, die im 19. Jahrhundert gleichsam in einen Park eingehegt wurde. Wo also andernorts für die beliebten Englischen Gärten eigens Ruinen errichtet wurden, um ein romantisches Hochgefühl beim Spaziergang durch den Park zu erzeugen, wuchs hier der Park rund um eine – authentische – Ruine.

Mittelalter im Schatten der Walhalla: Die Burgruine Donaustauf sollten Sie sich auf Ihrer Reise nicht entgehen lassen!

Tipp für Weinentdecker
(s. S. 220)

Wer nach so viel Geschichtsmonumenten durstig geworden ist, der kann entweder dem Lauf der Donau gut zwei Stunden wandernd folgen oder denselben Weg in zehn Minuten mit dem Auto oder dem Bus zurücklegen. Das Ergebnis wird in jedem Fall gleich sein: Man gelangt zu dem malerischen kleinen Örtchen Bach an der Donau und scheint vollends aus Raum und Zeit gefallen zu sein.

Hier wird tatsächlich in guter alter römischer Tradition Wein angebaut und allen Widrigkeiten des Wetters getrotzt. Dies führt zugebenermaßen nicht immer zu einem herausragenden Wein, aber ganz sicher zu einem Ort mit einem Flair, das man eher in Mainfranken oder im Rheinland erwartet hätte, denn hier an der Donau. Setzen Sie sich also in eines der Weinlokale und genießen die herrliche Atmosphäre unter den Weinreben mit Blick auf die Donau. Sie werden sehen – wie der Wein schmeckt, ist bei einem solchen Panorama in diesem kleinen Paradies auf Erden fast schon zweitrangig.

In Bach gibt es wirklich zahlreiche Einkehrmöglichkeiten, die Sie je nach Lust und Laune bedenkenlos ansteuern können. Am schönsten sitzen Sie wahrscheinlich in der *Weinstube Eibl.*

Wein aus Regensburg? Man sollte ihm schon allein wegen seines herrlichen Anbaugebietes Aufmerksamkeit schenken.

7. Laptop und Lederhose oder Boomtown reloaded

»Wie hasse ich diese mittelgroßen Städte mit ihren berühmten Baudenkmälern, von welchen sich die Bewohner verunstalten lassen. Kirchen und enge Gassen, in welchen immer stumpfsinniger werdende Menschen dahinvegetieren. Salzburg, Augsburg, Regensburg, Würzburg, ich hasse sie alle, weil in ihnen jahrhundertelang der Stumpfsinn warmgestellt ist.«

Thomas Bernhard, *Meine Preise*

Dass der ausgewiesene Provinzhasser Thomas Bernhard – der eben jener Provinz damit ein literarisches Denkmal von Weltrang gesetzt hat – Regensburg überhaupt als »eine jener mittelgroßen Städte mit ihren berühmten Baudenkmälern« ansprechen konnte, ist die direkte Folge der Entwicklung der Stadt während der Weimarer Republik und im Dritten Reich. Am Ende des 19. Jahrhunderts war die Einwohnerzahl Regensburgs zwar langsam, aber stetig auf 45.000 Personen angewachsen. Zum Vergleich: Nürnberg, das ganz ähnlich wie Regensburg zu Beginn des 19. Jahrhunderts 25.000 Einwohner zählte, wuchs im selben Zeitraum auf eine Größe von rund 260.000 Bürgerinnen und Bürgern an.

Die Entwicklung der Stadt sollte erst mit dem Ende des Ersten Weltkriegs wieder an Fahrt aufnehmen. Waren im 19. Jahrhundert nur die kleinen Dörfer Kumpfmühl und Prüll eingemeindet worden, griff die Stadt nun tatsächlich stärker ins Umland aus. 1924 wurden Stadtamhof, Steinweg, Reinhausen, Sallern, Weichs, Schwabelweis sowie Ober- und Niederwinzer Teile der Stadt, sodass Regensburg bald 80.000 Einwohner zu verzeichnen hatte.

Die neue Dynamik in der Stadtentwicklung hatte nicht nur numerische, sondern auch politische Folgen: Hatte der protestantische Stadtrat zu königlich-bayerischen Zeiten die Stadt – wie seit Jahrhunderten – noch fest in altbekannten Händen gehalten, übernahmen nun in freien Wahlen die aus dem Umland zugezogenen Katholiken die Meinungsführung. Nahezu folgerichtig wurden die ersten Regensburger Wahlen – nach dem nur kurzen revolutionären Intermezzo der Arbeiter- und Soldatenräte – in der Weimarer Republik von der katholisch geprägten Bayerischen Volkspartei gewonnen, die mit Otto Hipp fortan auch den Bürgermeister stellte.

Trotzdem hatte die wirtschaftlich desolate Gesamtsituation der Weimarer Jahre die Stadt fest im Griff. Hohe Arbeitslosigkeit und Inflation machten auch vor Regensburg nicht halt, das zwar Veränderungswillen besaß, einstweilen aber kaum etwas umsetzen

*Die heutige Ganghofer-Siedlung wurde einst
als »Göring-Heim-Siedlung« von den Nationalsozialisten gegründet.*

173

konnte. Vor allem der knappe Wohnraum blieb ein Problem. Wie beengt das Leben in der Altstadt ohne die heute umliegenden Wohnsiedlungen gewesen sein muss, vermag man sich kaum mehr vorzustellen.

Das explosive Gemisch aus wirtschaftlicher Krise, allgemeiner Unsicherheit und dem aggressiven Auftreten der neuen Rechten trieb auch in Regensburg bei den Wahlen zum Reichstag 1933 die Wähler in Scharen zu den Nationalsozialisten. Dass im inzwischen mehrheitlich konservativ-katholischen Regensburg die NSDAP mit 30,5 Prozent unter dem deutschlandweiten Durchschnitt von 43,9 Prozent blieb, ist leider nicht mehr als eine Fußnote der Geschichte. Denn auch in Regensburg setzten sich die neuen Macht-

haber bald mit der bekannten Rigorosität und Brutalität durch. Otto Hipp musste zugunsten des Parteimitglieds Otto Schottenheim abtreten. Regensburg war bald – wie ganz Deutschland – fest in der Hand der Nationalsozialisten.

Tatsächlich veränderte sich unter dem neuen Regime das Leben in Regensburg merklich. Der Wohnungsnot wurde mit zwei neuen Siedlungen abgeholfen: der Schottenheimsiedlung, heute bekannt als Konradsiedlung, und der Göring-Heim-Siedlung, der heutigen Ganghofer-Siedlung, mit kleinen, fast pittoresken Wohnhäusern für die Arbeiter des ebenfalls neu gegründeten *Messerschmitt*-Werks, das 10.000 Arbeitsplätze nach Regensburg brachte.

Das Messerschmidt-Werk lag nach einem Bombenangriff 1943 in Trümmern. Die Altstadt blieb von den Bomben weitgehend verschont.

Machen wir uns nichts vor: Subjektiv dürfte das Dritte Reich zu Beginn gerade für die ärmere Bevölkerung der Stadt einen Fortschritt bedeutet haben. Dass das kriegsrelevante *Messerschmitt*-Werk 1943 Ziel eines Bombenangriffs werden sollte, war 1936 bei Gründung des Regensburger Werks natürlich noch nicht abzusehen. Dass jüdische Bürger sukzessive aus dem öffentlichen Leben verdrängt wurden, 1938 auch hier eine Synagoge brannte und nicht weit weg von Regensburg, im Oberpfälzer Ort Flossenbürg, ein Konzentrationslager mit dem Ziel der Vernichtung durch Arbeit entstanden war, muss allerdings auch in Regensburg bald klar gemacht haben, dass die Verbesserungen der Infrastruktur mit Blut erkauft waren.

Ob Bürgermeister Schottenheim 1945 die – bis dahin nahezu unversehrte – Altstadt persönlich vor der Zerstörung bewahrt hat, wie er es selbst in seinem Entnazifizierungsverfahren zu Protokoll gab, ist so gesehen angesichts des vielfachen Leids, das über die Stadt, Deutschland und ganz Europa hereinbrach, nahezu irrelevant. Es passt allerdings zum Bild, dass auch diese Schutzbehauptung eines einstmals strammen NSDAP-Politikers, wie jüngere Forschungen nahelegen, mit der Wirklichkeit kaum etwas zu tun gehabt haben dürfte. Nachdem die beiden Journalisten Peter Eiser und Günther Schießl in ihrem gut recherchierten, quellensatten Buch *Kriegsende in Regensburg* starke Bedenken an den Schilderungen Schottenheims und eines Wehrmacht-Majors angemeldet hatten, kam auch der Historiker Sven Keller vom renommierten *Institut für Zeitgeschichte*

zu der Einschätzung, dass Schottenheims vermeintliche Heldentat wohl eher ins Reich der Fabeln gehört.

Unzweifelhaft ist hingegen der Einsatz dreier echter Helden: Noch am 24. April 1945 wurden der Domprediger Dr. Johann Maier, der Bezirksinspektor Michael Lottner und der Lagerarbeiter Josef Zirkl hingerichtet. Sie waren bei einer Demonstration zur friedlichen Übergabe der Stadt an die längst kurz vor den Toren Regensburgs stehenden amerikanischen Truppen aufgegriffen worden. Am 26. April war der Krieg für Regensburg beendet. Heute findet man am Dachauplatz eine Gedenktafel für diese drei Männer – an Otto Schottenheim erinnerte noch bis in die 1990er-Jahre eine erst 1959 angebrachte Gedenktafel in der einst nach ihm benannten Konradsiedlung.

Die Stadt blieb aber nicht nur weitgehend von der Zerstörung durch Bomben verschont, sondern auch von nationalsozialistischen Monumentalbauten. Wenn München die Hauptstadt der Bewegung war, dann war Nürnberg das ideelle Epizentrum des Nationalsozialismus, sozusagen das Musterbild der altdeutschen Stadt. Dass Regensburg mit seiner Geschichte eigentlich ein ebenso reiches symbolpolitisches Betätigungsfeld geboten hätte, übersahen die Machthaber. Statt Regensburg wurde gar Bayreuth, das für den Wagner-Liebhaber Hitler eine besondere Bedeutung hatte, zur Hauptstadt des Gaus Bayerische Ostmark, der die heutigen Regierungsbezirke Niederbayern, Oberpfalz und Oberfranken umfasste. Im Nachhinein keine Demütigung, sondern ein Segen.

HIER STARBEN
AM 23 APRIL 1945
FÜR REGENSBURG
DR JOHANN MAIER
DOMPREDIGER
JOSEF ZIRKL
LAGERARBEITER
MICHAEL LOTTNER
INSPEKTOR

IN DANKBARKEIT
DIE BÜRGER VON
REGENSBURG

Das Regensburg der direkten Nachkriegszeit dürfte mit der heutigen Stadt kaum etwas zu tun gehabt haben. Da die Altstadt mit ihren verwinkelten Gässchen weitgehend unzerstört geblieben war, strömten Flüchtende, Vertriebene, Heimatlose – kurz: viele, die ein Dach über dem Kopf suchten – nach Regensburg. Die Häuser der Altstadt erlebten eine Bewohnerdichte wie zu Zeiten des Mittelalters, und die engen Gassen waren kaum freundlicher und sauberer als im 15. Jahrhundert. Regensburg stand kurz vor dem Kollaps.

Doch das deutsche Wirtschaftswunder zeigte auch hier Wirkung. Die Bevölkerungssituation entspannte sich, die Wirtschaft begann in Regensburg und im Umland zu boomen. Die Ansiedlung von *Siemens* in der direkten Nachkriegszeit und *BMW* in den 1980er-Jahren brachte neue Arbeitsplätze in die Hauptstadt der Oberpfalz. Die positive Entwicklung der allgemeinen Lebensbedingungen ging aber nicht mit einem gesteigerten Interesse für die eigenen Denkmäler einher. So muffig das kulturelle der Adenauer-Zeit gewesen sein mag, so erstaunlich blind fortschrittsgläubig waren die Planungen für die Stadtentwicklung. Für die angestrebte konsumtechnische Reaktivierung der Altstadt war man zu vielen Opfer bereit: Angedacht waren mehrspurige Straßenschneisen direkt durch das Herz der Stadt, Arkadengänge durch alte Patrizierhäuser, um das Shoppen trockenen Fußes zu gewährleisten, der Abriss ganzer Häuserzeilen, um Platz für vermeintlich zeitgenössische Bauten zu machen und vieles mehr.

Durchsetzen konnte sich letztlich keine dieser Ideen – allerdings nicht, weil sie am Einspruch kulturbeflissener Bürger gescheitert wären, sondern weil sich die verschiedenen Interessensvertreter mit ihren Ideen gleichsam gegenseitig lähmten. So blieb in Regensburg vieles beim Alten, auch wenn einzelne Neubauten wie das gewaltige Haus des *Pustet*-Verlages, das damit allerdings selbst wiederum zu einem Denkmal seiner Zeit wurde, stark in die vorhandene Struktur eingriffen. Im Großen und Ganzen überlebte Regensburg also die – zumindest in baulicher Hinsicht – geschichtsvergessene Zeit des Wirtschaftswunders ohne größere Eingriffe und erhielt damit nolens volens ein Pfund, mit dem es in heutiger Zeit wuchern kann. Der wichtigste Wachstumsmotor für Regensburg dürfte auf lange Sicht die Eröffnung der Universität im Jahr 1967 gewesen sein. Mit ihr – und dem gebildeten jungen Publikum, das sein dynamisch wirtschaftliches, wissenschaftliches und nicht zuletzt kulturelles Potenzial sozusagen kostenlos mit in die Stadt brachte – setzte ein Wandel ein, dessen Folgen tatsächlich erst heute im 21. Jahrhundert vollständig sichtbar werden.

Die Immobilienpreise in der Stadt nähern sich inzwischen – zum Teil bedenklich – Münchner Verhältnissen an, die Wirtschaft boomt und schafft zugleich Arbeitsplätze für die Stadt und das Umland, sodass Regensburg im Städteranking der *Wirtschaftswoche* 2017 auf einen formidablen sechsten Platz kommt. Die viel beschworene höchste Kneipendichte Deutschlands dürfte kein lokalpatriotisches Gerücht sein und

Echte Helden: Das Denkmal auf dem Dachauplatz für Dr. Johann Maier, Michael Lottner und Josef Zirkl

dass nicht München, sondern Regensburg die nördlichste Stadt Italiens ist, war allen hier ohnehin schon lange klar. 2006 folgte dann sozusagen der finale Ritterschlag: Die Regensburger Altstadt mit der ehemals bayerischen Enklave Stadtamhof wurde von der UNESCO zum Welterbe erklärt und steht somit in einer Linie mit den Pyramiden von Gizeh in der Ferne und der wunderbaren Altstadt von Bamberg in der Nähe.

Also, kein Grund zur Sorge um Regensburg, oder? Natürlich ist der Titel des Welterbes zugleich Auszeichnung wie auch Verpflichtung. Die Stadt weiß um ihr kulturelles Erbe, sie versucht allerdings (durchaus legitimerweise) auch die Grenzen dieser Verpflichtung auszutesten. Beim jüngsten Streit um den Bau einer weiteren Donaubrücke hat sich einstweilen der Ensembleschutz durchgesetzt. Inwieweit dies bei den nächsten – zumeist wirtschaftlich – strittigen Fragen der Fall sein wird, bleibt abzuwarten.

Hinter all den glanzvollen Neuerungen, die das Leben in der Altstadt zweifelsohne bereichert haben, schlummert auch immer wieder Gefahr: *Natürlich* bedrohen Handels- und Restaurantketten die eingespielte heimische Geschäftsvielfalt, *natürlich* kollidiert die abendliche Altstadtparty immer mehr mit den Bedürfnissen der neuen Altstadtbewohner, die schließlich sehr viel Geld bezahlt haben, um hier leben zu können, und *natürlich* will sich die Stadt dauerhaft infrastrukturell verbessern und nach vorne schauen …

Touristisch ist Regensburg inzwischen nahezu vollständig erschlossen. Das Donauufer ist längst eine der größten Anlegestellen für die Personenschifffahrt in Süddeutschland. Aus einer Stadt mit Geschichte, die ihr historisches Erbe bei ihren Modernisierungsversuchen immer auch irgendwie wie ein Päckchen mit sich herumzutragen hatte, ist inzwischen eine Konsum- und Partymeile geworden, die dabei aber wie im Freilichtmuseum Sehenswürdigkeit an Sehenswürdigkeit reiht.

Die gebürtige Regensburgerin Eva Demski, die seit Jahrzehnten die deutsche Literaturlandschaft von Frankfurt aus prägt, beschrieb die Verwandlung der Stadt in einem Beitrag für das Regensburg-Heft des *Merian-Verlags* überaus treffend:

»[…] Regensburg zeigt sich bunt und jung, lebendig und heiter, und die vielen alten Häuser sind anständig geschminkt und hergerichtet, was fast allen richtig gut steht. Es gibt allenthalben schöne, italienisch anmutende Plätze, auf denen die unvermeidlichen Kunstsünden stehen, die außer mir keinen stören. Die alte Stadt trägt den Wünschen der Jetztzeit, nach Verfügbarkeit und Amüsement souverän Rechnung. Vielleicht ist es das, was mich so verwirrt.

Früher war sie geheimnisvoll, rau und abweisend gewesen. Sie verbarg, was sie zu bieten hatte. Man musste es sich erkämpfen und nach ihren Schönheiten beharrlich suchen. Das Regensburg von früher war eine dunkle, gekränkte Stadt, von ihrer einstigen Weltgeltung als Sitz des Immerwährenden Reichstags längst in die Bedeutungslosigkeit versunken. […]

Es war noch lang nach dem Krieg zu spüren: Die Geschichte, die Tradition, das kulturelle Erbe, an dieser Stelle der Donau noch dichter gepackt als anderswo, war hauptsächlich eine Last. Die Menschen freuten sich nicht, wenn bei Bauarbeiten in ihren Häusern eine Madonna, silberne Taler aus dem Dreißigjährigen Krieg oder ein Brunnen entdeckt wurde. Sie seufzten. Und wenn sie was Römisches fanden, schütteten sie es schnell wieder zu. Das kann man sich heute nicht mehr vorstellen, jetzt glänzt die Stadt mit ihrem Reichtum, sie stellt ihn zur Schau und wird dafür geliebt. Ich sollte froh sein, dass ihr allenthalben wieder Leben eingehaucht worden ist!«*

Eva Demskis Fazit fällt also durchaus zwiespältig aus: Selbstverständlich weiß sie – wie auch wir –, dass die Stadt einen erstaunlichen Wandel durchgemacht hat, aber es schleicht sich angesichts des stets hohen Veränderungsdrucks durchaus auch ein mulmiges Gefühl in die Freude ein.

Rundgang durch das Regensburg aus Beton und Glas

Auch unseren letzten Rundgang dürfen Sie bei guter Kondition gerne zu Fuß antreten. Wer Kräfte sparen will, was in diesem Fall problemlos möglich ist, kann zwischendrin gerne auf die öffentlichen Verkehrsmittel umsteigen.

Wir beginnen an einem Ort, den wir nur auf den zweiten Blick mit modernen Zeiten verbinden können: Am östlichen Tor der Regensburger Stadtbefestigung im Mittelalter, dem sogenannten **Ostentor (Station 7.1)**. Es wurde Ende des 13. Jahrhunderts erbaut

und war tatsächlich noch bis circa 1850 der östlichste Punkt der Altstadt. Die heutige Anlage mit einem Torturm und zwei kleineren flankierenden Türmchen ist ein Torso. Ursprünglich gehörte auch ein Waffenhof mit Wehrgang zur Toranlage, der allerdings im 19. Jahrhundert abgerissen wurde. Trotzdem beeindruckt das Stadttor noch heute durch seine handwerkliche Perfektion, die höchstwahrscheinlich von einer Ausführung durch die Dombauhütte herrührt.

Doch was hat dies alles mit den modernen Zeiten zu tun? Das Ostentor ist gleichsam, wie so vieles in Regensburg, eine Klammer zwischen Vergangenheit und Gegenwart. Seit 1915 durchquerte die – 1964 aufgegebene – Regensburger Straßenbahn das Tor auf dem Weg zur Endhaltestelle Schlachthof. Wie Regensburg im 19. Jahrhundert über das Tor hinausgewachsen war, so reichte nun auch der Nahverkehr über die Grenzen der Altstadt hinaus. Mit dem Ende der Straßenbahn in Regensburg wurden schließlich auch die Rufe nach einer autogerechten Stadt lauter. Genau jenes Ostentor, das auch in modernen Zeiten seine ursprüngliche Funktion einer Fahrbahnbegrenzung bzw. Barriere mustergültig erfüllte, war dem mehrspurigen Verkehr aber im Weg. Tatsächlich wurden die Planungen des Abrisses eines der bedeutendsten gotischen Stadttore Deutschlands erst 1930, wenige Jahre nach der Etablierung eines bayerischen Denkmalschutzgesetzes (1973) aufgegeben.

Vom Ostentor aus gehen wir am gleichnamigen Kino vorbei, um danach links abzubiegen und auf der **Nibelungenbrücke**

(Station 7.2) die Donau zu überqueren. Das gewaltige Bauwerk umspannt zwei Donauarme und ist Teil einer der Hauptverkehrsadern der Stadt. Die heutige Konstruktion ersetzt eine Brücke, die bei ihrem Spatenstich 1935 tatsächlich *»dem Ruhme der Stadt, dem Ruhme der Bayerischen Ostmark und dem Ruhme des nationalsozialistischen Deutschlands«* dienen sollte. Folgerichtig erhielt dieses 1938 fertiggestellte Bauwerk den Namen »Adolf-Hitler-Brücke«. Wie das Reich jenes Adolf Hitlers hielt allerdings auch die Brücke keine tausend Jahre, sondern nur bis 1945. Die Wehrmacht sah sich gezwungen, die Brücke zu sprengen, um den amerikanischen Truppen den Donauübergang zu erschweren.

Bereits 1950 wurde eine runderneuerte Brücke eröffnet, die kurioserweise auf den rezeptionsgeschichtlich nicht unbedingt unverfänglichen Namen »Nibelungenbrücke« getauft wurde – gegenüber der Adolf-Hitler-Brücke zugegebenermaßen eine Verbesserung, aber wahrscheinlich typisch für das restaurative Klima der Adenauer-Zeit ohne ein Bewusstsein für die Inanspruchnahme des mittelalterlichen Heldenepos durch die Nationalsozialisten. Das heutige Gesicht der Brücke stammt aus den Jahren 2001 bis 2004. Sie überquert sechsstreifig die Donau und dient für Pkws und für den öffentlichen Nahverkehr gleichsam als Eingangstor in die Altstadt. Ihren Namen aus den 1950er-Jahren, der heute mit gutem Willen durchaus auch für den kritischen Umgang mit der Umwertung unseres kulturellen Erbes durch Nationalisten jeglicher Couleur stehen kann, hat sie behalten.

Das Ostentor bildete seit dem Mittelalter die östliche Grenze der Reichsstadt.

*Die Nibelungenbrücke – ob Hagen von Tronje
wirklich hier die Donau überquerte?*

Bereits beim Überqueren der Brücke sehen wir unser nächstes Ziel. Tatsächlich führt uns unser Weg durch das moderne Regensburg nun in ein Einkaufszentrum. Das **Donau-Einkaufszentrum (Station 7.3)** entstand 1967 als erstes vollklimatisiertes und zweigeschossiges Einkaufszentrum in Deutschland. Was hier direkt vor den Toren der Altstadt entstanden war, ist geradewegs ein baugewordenes Symbol für den wirtschaftlichen Aufschwung Regensburgs. Der Unternehmer Johannes Vielberth erschuf einen inzwischen mehrfach erweiterten Gebäudekomplex, der fast so etwas wie eine dem Konsum gewidmete Stadt in der Stadt geworden ist. Heute befinden sich im Donau-Einkaufszentrum an die 135 Geschäfte auf einer Grundstücksfläche von über 100.000 Quadratmetern. Laut Eigenauskunft besuchen täglich circa 30.000 Einkaufswillige diesen Konsumtempel, den der Volksmund prosaisch als »DEZ« abkürzt.

Von Anfang an war das DEZ nicht nur ein Platz für Geschäfte, sondern auch für Kunst. Zur ursprünglichen Ausstattung gehören sieben großformatige Bilder des bedeutenden Regensburger Nachkriegsexpressionisten Willi Ulfig. Seit der letzten Erweiterungsphase können sich die Besucher auch im Treppenhaus des Parkhauses auf jeder Etage in den Gängen über die Entwicklung der Malerei des 20. und 21. Jahrhunderts in Regensburg informieren – auch wenn überregionale Größen wie die Malerin und Fotografin Maria Maier kurioserweise in dieser Auswahl fehlen.

Beim Gang durch diesen Shoppingtempel, der seinen Reiz nicht zuletzt aus seiner nicht immer geradlinigen Architektur mit Lichthöfen und großflächigen Ruhezonen bezieht, sollten Sie auch auf die botanische Vielfalt achten. Zwar weiß Ihr kunsthistorischer Reiseleiter nicht, ob sein Gefühl stimmt, aber ihm kommt es so vor, als kenne er manche der riesigen Palmen im DEZ tatsächlich schon aus seiner Kindheit. Jedenfalls ist mit andauernder Pflege hier – mitten in einem Einkaufszentrum – eine Sammlung riesiger Pflanzen entstanden, die selbst manchem Palmenhaus gut zu Gesicht stehen würde.

Die letzte Station auf unserer Reise durch die Geschichte Regensburgs ist die Keimzelle der modernen Stadt im Hier und Heute – die **Universität (Station 7.4)**. Um sie zu erreichen, können wir entweder wieder zurück und durch das Ostentor gehen. Von dort aus gelangen wir über das *Historische Museum* geradeaus zur Galgenbergbrücke. Die Galgenbergstraße führt direkt auf das Universitätsareal zu. Wir können aber auch – was vielleicht empfehlenswerter ist – bequem mit dem Bus vom DEZ aus starten. Dazu fahren Sie von der Haltestelle des Einkaufszentrums aus zur Albertstraße, dem zentralen Busbahnhof, und dann mit den Linien 6 oder 11 zur Universität.

Was für das DEZ gilt, kann über die Universität vielleicht mit noch größerem Recht gesagt werden: Sie ist ein wahre Stadt in der Stadt. Was hier seit den 1960er-Jahren gewachsen ist, ist ein Konglomerat verschiedenster Bauten, die sich miteinander zu

Der Bereich vor dem Audimax der Uni – wie die ganze Anlage eine Fundgrube für Freunde zeitgenössischer Kunst und Architektur

einem Themenpark der Betonmoderne verbinden.

Der Wunsch nach einer Universität für Regensburg reicht schon bis in das späte Mittelalter zurück. Herzog Albrecht IV. von Bayern, der – wir erinnern uns – Ende des 15. Jahrhunderts für kurze Zeit Herr der Reichsstadt wurde (s. S. 128), plante schon 1487 die Gründung einer Universität. Mit seinem Rückzug aus der Stadt wurde dieses Projekt allerdings auf unbestimmte Zeit aufgeschoben. Erst knapp 500 Jahre später sollte der lang gehegte Wunsch Wirklichkeit werden. Statt den Wittelsbachern beschloss nun der Bayerische Landtag am 18. Juli 1962 die Gründung der vierten bayerischen Landesuniversität in Regensburg.

1967 wurde erstmals der Lehrbetrieb aufgenommen – mit 661 Studierenden und 35 Professoren an drei Fakultäten – heute zählt die Universität über 20.000 Studierende und elf Fakultäten. Erst 1978 entstand das vorerst letzte Fakultätsgebäude. Gerade in jüngster Zeit wuchs das Universitätsgelände mit dem Vielberth-Gebäude und dem benachbarten neuen Campus der Technischen Hochschule (ehemals Fachhochschule) wieder an.

Der verbindende Werkstoff aller bis 1978 entstandenen Gebäude ist der Sichtbeton. Unter den Architekten finden sich bedeutende Namen wie Alexander Freiherr von Branca, der Schöpfer der *Neuen Pinakothek* in München, der in Regensburg für die Zentralbibliothek verantwortlich zeichnete. Wahrscheinlich ist es dem Beton und dem alle Architekten verbindenden Formenvokabular der Nachkriegsmoderne zuzuschrei-

ben, dass wir heute die Universität als geschlossenes Ensemble wahrnehmen.

Dies war aber durchaus auch im Sinne der akademischen Programmatik der Gründungszeit der Universität. Dazu Stefan Paulus, ausgewiesener Kenner der Hochschularchitekturen der Nachkriegszeit: »*Die auf dem Regensburger Campus erstmalig in Bayern umgesetzte enge räumliche Verschränkung der verschiedenen Fachbereiche bzw. Fakultäten war u. a. dazu gedacht, die Grenzen zwischen den Disziplinen aber auch zwischen den Lehrenden und den Lernenden aufzuheben. Dieser unmittelbare Konnex von innerer Struktur und äußerer Gestalt ist zu berücksichtigen, will man heute verstehen, welche ambitionierte hochschulpolitische Zielsetzung mit dem Bau der Universität Regensburg verbunden war. […] Es handelt sich um den buchstäblich ›Beton gewordenen Anspruch‹, in Forschung und Lehre zukunftsweisende Wege zu beschreiten.*«

Trotzdem unterscheiden sich die einzelnen Gebäude in wesentlichen Punkten voneinander. Während Bauwerke wie das in der frühesten Phase entstandene Sammelgebäude betont nüchtern, sachlich-rational daherkommen, wirken gerade die von Alexander Freiherr von Branca entworfene Zentralbibliothek und noch mehr das Philosophie-Theologie-Gebäude deutlich erdenschwerer mit Anklängen an Formen der Wehrhaftigkeit. Der Architektur- und Designexperte Mathias Listl weist zu Recht darauf hin, dass die Traufsteine des PT-Gebäudes an Schießscharten mittelalterlicher Burgen erinnern.

Hier gesellt sich die Universität Regensburg zu einer Spielart der Architekturmoderne, die zwar in den letzten Jahrzehnten oftmals achtlos dem Erdboden gleich gemacht wurde, die aber in jüngster Zeit eine regelrechte Renaissance feiert: Mitten am Rande der Altstadt steht eines jener von vermeintlich feinsinnigen Altstadtfreunden bedrohten Denkmäler des Brutalismus, einer Architekturströmung, die maßgeblich von den späten Werken des französischen Architekturstars Le Corbusier ausging.

Laufen Sie also nicht nur – wie von den Gründungsvätern der Universität gewünscht – mit offenen Gedanken, sondern auch mit offenen Augen durch dieses riesige, mehr als 100 Hektar große Areal und entdecken Sie einen reichen Architekturschatz der Nachkriegsmoderne, den Sie so vielleicht überall, nur nicht in Regensburg erwartet hätten. Wenn Sie dann mitten am Campus stehen und Hermann Kleinknechts mächtige Kugelinstallation bewundern, werden Sie sich höchstwahrscheinlich fühlen, wie ganze Generationen von Studierenden an ihrem ersten Tag – überwältigt von der Größe des Areals, aber auch neugierig auf erste Erkundungstouren durch diese schier unerschöpfliche Welt des Geistes – und des modernen Bauens.

Die Zentralbibliothek von Alexander Freiherr von Branca

Tipp für einen etwas anderen Ausflug ins Grüne

Die Universität ist nicht nur ein moderner Architekturthemenpark, sie ist auch im ganz wortwörtlichen Sinne ein Park. Ausladende Grünflächen, ein kleiner See auf dem Campus, Freisitze allerorten, Sportanlagen, die man allerdings nur als Student nutzen darf, und sogar ein für die Öffentlichkeit zugänglicher Botanischer Garten laden zu Naturspaziergängen der etwas anderen Art ein.

Es lohnt sich aber nicht nur der Architektur und des Grüns wegen den Gang zur Universität auf sich zu nehmen, sondern auch, um auf engstem Raum hochkarätiger Gegenwartskunst zu begegnen, die hier wirklich – der Kunst am Bau sei Dank! – in erstaunlicher Dichte vorhanden ist. Von Horst Antes über Fritz Koenig bis hin zu Wilhelm Uhlig – viele Künstler von Rang und Namen haben der akademischen Welt und dem gemeinsamen Studieren hier ein Denkmal gesetzt. Am besten Sie besorgen sich vorab oder auf dem Campus in der zentral gelegenen *Buchhandlung Pustet* den Führer *Kunst auf dem Campus der Universität Regensburg* und begeben sich auf die Spuren dieses etwas anderen Skulpturenparks.

Die Universität von oben – Themenpark brutalistischer Architektur und Parkanlage in Einem

Tipps für Zwischendurch
(s. S. 220)

Natürlich sollen Sie auch auf unserer letzten Tour das leibliche Wohl nicht zu kurz kommen lassen. Wenn Ihnen ein Imbiss in einer der zahlreichen Cafeterien der Universität – je nach Blickwinkel – gar zu nostalgisch vorkommt, können Sie in der Pizzeria direkt am Campus bedenkenlos der italienischen Lebensart mitten im Betonmeer frönen.

Sollten Sie sich tatsächlich zu Fuß auf den Weg von der Altstadt zur Universität gemacht haben, dürfen Sie sich gerne kurz vor dem Ziel einen schattigen Sitzplatz im *Kneitinger Biergarten* an der Galgenbergstraße gönnen. In einem der größten Biergärten der Stadt lassen schließlich auch die Studierenden nach einem anstrengenden Tag gerne die Seele baumeln.

Wer schon im DEZ einen ersten Zwischenstopp einlegen will, der findet hier sicherlich auch ohne die Hilfe des Reiseleiters den richtigen Ort für die Mittagspause. Für den kleinen Kaffee zwischendrin empfiehlt sich ein Besuch beim Regensburger Kaffeespezialisten *Rehorik* mit hauseigener Röstung und wechselnden Tagesangeboten. Neben der Filiale im DEZ lohnt auch immer der Besuch im Stammhaus in der Altstadt am Brixener Hof. Im hauseigenen Café *190 Grad* dürfte wirklich jeder, der einen guten Kaffee zu schätzen weiß, auf seine Kosten kommen.

Neben Konsumgütern aller Art finden sich im DEZ auch Brunnen, Pflanzen und Kunstausstellungen.

Und sonst noch oder So vieles, was noch gesehen werden sollte

Unser Gang durch die Geschichte der Stadt hat uns von den mächtigen Quadern der Stadtbefestigung bis zu den aus Beton gegossenen Zinnen der Universität geführt. Dabei haben wir, so hofft zumindest Ihr kunsthistorischer Reiseleiter, im Spiegel der Geschichte, der Literatur und der Kunst so manches entdeckt, was sonst vielleicht im blickdichten Mantel der Geschichte verborgen geblieben wäre. Trotzdem grenzt der Reichtum dieser Stadt – und das kann einen manchmal regelrecht zur Verzweiflung bringen – ans Unerschöpfliche.

Vieles, was es noch zu erwähnen gäbe, wird deswegen auch in diesem Buch unerwähnt bleiben müssen. Trotzdem sollen in diesem vorletzten Kapitel, sozusagen ohne die Verpflichtung eines Rundgangs, noch einige Orte und Gebräuche, die wir bislang links oder rechts des Weges liegen gelassen haben, erwähnt werden, die Ihnen Ihren Regensburg-Aufenthalt noch weiter versüßen können.

Man trinkt Bier (s. S. 220)

Süß ist allerdings kaum das richtige Wort für unseren ersten Tipp. Denn in einer Hinsicht ist Regensburg schon immer bayerisch gewesen – die Stadt mag in der Römerzeit mit Weinanbau experimentiert haben, das Herz Regensburgs und seiner Einwohner schlägt jedoch für jenes Getränk aus Hopfen und Malz, das nicht umsonst bis heute nach einem »bayerisch« genannten Reinheitsgebot gebraut wird. Ganz klar: Regensburg ist eine Stadt des Bieres. Eben jenes Bier genießt man im Winter in einer gut geheizten Stube oder Bierhalle, im Sommer vornehmlich im Freien unter Bäumen, also im Biergarten.

Wir sind bei unseren diversen Rundgängen durch die Geschichte der Stadt bereits mit allen drei relevanten städtischen Brauereien in Berührung gekommen. Wer auf sozusagen echte Regensburger Art trinken will, der ist beim *Kneitinger*, beim *Bischofshof* und beim *Spital*, das mit gut 800 Jahren Tradition die älteste heute noch aktive Brauerei der Stadt sein dürfte, vollkommen richtig aufgehoben. Das vielleicht urigste Feeling, modisch darf es auch gerne »authentisch« genannt werden, vermittelt wohl das *Kneitinger*-Stammhaus am belebten und viel befahrenen Arnulfsplatz. Wer allerdings sein *Kneitinger*-Bier im Freien genießen will, der muss nahe der Universität in den *Kneitinger Keller* gehen oder sich ein Plätzchen an der Donau im Biergarten *Alte Linde* suchen.

Längst kein Geheimtipp mehr ist das hervorragende, frisch gebraute Bier des *Fürstlichen Brauhauses* im neuen Marstall des Schlosses St. Emmeram. Wenn Sie keine Scheu vor allzu touristischem Treiben haben,

Nicht der Himmel der Bayern, sondern jener der Oberpfälzer – die Schwemme des traditionsreichen Brauhauses Kneitinger

sollten Sie hier Ihr Glück versuchen. Alternativ bietet auch das *Weißbräuhaus* in der Schwarzen-Bären-Straße ein fantastisches frisch gebrautes Bier an, das Sie nur hier in Regensburg bekommen.

Wer nicht so viel Wert auf regionales Bier legt, dafür aber trotzdem nicht auf ursprüngliche Bierkultur verzichten will, der findet mit dem *Hofbräuhaus*, zentral gelegen zwischen Altem Rathaus und Herzogshof, die richtige Anlaufstelle. In dieser Bierhalle kommen Fans gepflegter bayerischer Trinksitten auf ihre Kosten. Und wer lange genug sitzen bleibt, wird garantiert auch von Wirt oder Wirtin persönlich begrüßt. Hier versumpft man gleichsam unter Freunden.

Selbstverständlich kommt eine dynamische Studentenstadt wie Regensburg in diesen Zeiten nicht mehr ohne Craft Beer aus – auch wenn alle genannten Regensburger Biere durchaus auch zu Recht den Anspruch erheben, ebenso handwerklich gebraut zu werden, wie das, was sich hinter dem modischen Etikett verbirgt. Trotzdem hat der Trend auch in der Region die Biervielfalt merklich befördert. Wer nach regionalem Craft Beer sucht, der ist bei den Brauereien *Nittenauer*, *Riedenburger* und *Lammsbräu* bestens aufgehoben. Es trifft sich gut, dass man all diese Biere und unzählige mehr ganz bequem an einem Ort probieren kann. Das *Birretta* in der Ostengasse ist nichts weniger als ein feiner Tempel des Biergenusses und sitzt, weil es von der *Riedenburger Brauerei* betrieben wird, sozusagen direkt an der Quelle.

Ein regelrechter Geheimtipp abseits des städtischen Biergenusses ist eine kleine archäologische Ausstellung im Stadtteil Großprüfening. Hier finden Sie den sogenannten Römerpavillon (Kornweg 24), der im 3. Jahrhundert n. Chr. bereits als Brauerei gedient haben dürfte. Sie sehen: In Regensburg trinken Sie wirklich mit Tradition.

Es weihnachtet sehr (s. S. 221)

Höchstwahrscheinlich behauptet jede Stadt von sich, dass sie eine Stadt der »romantischen« Weihnachtsmärkte ist. Wir wissen, was das in der Realität bedeutet: langes Schlangestehen vor Glühweinständen, bis auf den letzten Millimeter Raum gefüllte Plätze mit Menschentrauben in blinkenden Mützen und vor allem Lärm und Beschallung allerorten. Wer dieses Erlebnis sucht, der ist auf dem Neupfarrplatz beim großen städtischen Weihnachtsmarkt sicherlich richtig aufgehoben.

Wer allerdings das Wort »romantisch« nicht nur als Werbeformel auffasst, die irgendwie zu Weihnachten gehört wie Bratwurst und Glühwein, der ist hier in Regensburg anderswo an der richtigen Stelle. Der kleine Handwerkermarkt am Haidplatz bietet regionale Waren, handgemachte Musik und Speisen aus aller Welt – ganz ohne den üblichen Kitschtrubel – und darf sich deswegen tatsächlich im vollsten Sinne des Wortes »romantisch« nennen.

Eine Kombination aus beiden Welten bieten sowohl der Weihnachtsmarkt der *Stadtmaus* im Spitalgarten als auch der bereits erwähnte Weihnachtsmarkt im Schloss der Familie Thurn und Taxis (s. S. 136). Im Falle des fürstlichen Weihnachtsmarktes lässt man sich die zugegebenermaßen herrliche Mischung aus Schlossflair, rustikaler bis eleganter Kulinarik und Handwerk aber auch gut bezahlen. Die *Stadtmaus*, eigentlich der Regensburger Marktführer im Segment Erlebnis- und Schauspielführungen, bietet ein vergleichbares Weihnachtsgefühl im ebenfalls historischen Ambiente des Stadtamhofer Spitalgeländes.

Wem das alles nicht genug ist und wer ein Weihnachtserlebnis ganz eigener Prägung sucht, der sollte sich auf den Weg ins Umland machen. In Abensberg erfüllte sich der Chef der – wirklich sagenhaft guten – *Brauerei zum Kuchlbauer* seinen ganz eigenen Traum: Er »garnierte« sein Brauereigelände mit einem Turm von Friedensreich Hundertwasser und richtete in einem weiteren ebenfalls an ihn angelehnten Bau ein Hundertwasser-Museum ein. Das hört sich nicht nur spleerig an, es ist es auch. Allerdings werden auch Sie sich dem Lichterzauber dieser Architektur zur Weihnachtszeit kaum entziehen können – und ein bisschen esoterisch angehauchte Architekturmoderne, um das böse Wort »Kitsch« zu vermeiden, wird an Weihnachten doch wohl erlaubt sein, oder?

Der Weihnachtsmarkt am Haidplatz bietet allerlei handgemachtes.

Musik liegt in der Luft (s. S. 221)

Regensburg ist in der durchaus kuriosen Situation sich sowohl »Heimat der weltberühmten Domspatzen« als auch »heimliche Indie-Hauptstadt Bayerns« nennen zu dürfen. Der entscheidende Unterschied zwischen beiden Polen? Die hippen Tempel für den alternativen Musikgeschmack verschwinden von Zeit zu Zeit wieder und siedeln sich an anderen Orten an, die Domspatzen singen hingegen jede Woche sonntags verlässlich das Hochamt im Dom. Und eben jenes sollten Sie, auch wenn es je nach Façon nur ein Tribut an die christliche Prägung der Stadt sein sollte, auch unbedingt besuchen, wenn Sie am Sonntag in der Stadt sind. Die Domspatzen können Sie ansonsten natürlich über das ganze Jahr verteilt auch zu großen Konzerten hören. Näher kommen Sie der eigentlichen Intention dieses Musikinternats aber zweifelsohne im Gottesdienst.

Bereits eine verlässliche Größe in der Regensburger Indie-Szene ist das erst 2016 eröffnete städtische Kulturhaus *Degginger* mitten in der Altstadt. Alles, was in der örtlichen Kulturszene Rang und Namen hat, geht hier ein und aus und macht in entsprechendem Ambiente einen jugendlich-frischen Eindruck. Wenn Sie auf der Suche nach alternativer Kultur sind, werden Sie hier täglich mit neuen Tipps versorgt. Sie können aber auch einfach nur an der Bar dem Treiben der heimischen Intelligenzija zuschauen und sich am hervorragenden Kaffee aus dem Hause *Rehorik* laben oder den besten Gin Tonic der Stadt genießen.

Unter solchen Leuchten trifft sich die Intelligenzija der Stadt im Degginger.

Konzerte jeglicher Couleur finden Sie direkt neben dem *Kneitinger Biergarten* auf dem Galgenberg in der *Alten Mälzerei.* Es lohnt sich, das überall in der Stadt ausliegende Programm genauer zu studieren. Wer sich vorab über das musikalische Leben in Regensburg informieren will, kann das seit Kurzem auch auf dem YouTube-Kanal der *8 TrackSessions* tun. Hier geben sich die lokalen Alternativ-Größen stilecht in abgerocktem Ambiente auf acht Spuren live die Klinke in die Hand. Von Volksmusik bis zur härteren Gangart dürfte hier wirklich für jeden Geschmack etwas – Handgemachtes – dabei sein.

Auch die schönste sommerliche Freilichtveranstaltung hat selbstverständlich etwas mit Musik zu tun. Die Rede ist hier nicht vom *Bürgerfest*, das Menschen mit Angst vor Massenaufläufen und Enge tunlichst meiden sollten, sondern vom *Jazzweekend* des Bayerischen Jazzinstituts. Drei Tage lang verwandelt sich die Stadt in eine Bühne. Hervorragende Musiker, die ganze Vielfalt zeitgenössischer Jazzmusik – und das bei freiem Eintritt. Jahr ein, Jahr aus treibt das *Jazzweekend* Horden von jazzbeflissenen Pilgern in die Stadt, die tatsächlich ausschließlich hierherkommen, um Musik zu hören. Legendär sind übrigens die späten Funkabende im *Jazzclub* sowie die direkt nebenan im Restaurant *Leerer Beutel* stattfinden Improvisationssessions.

Film ab (s. S. 221)

Der große deutsche Regisseur Wim Wenders kommt nach eigener Auskunft immer besonders gerne nach Regensburg. Das Hotel und Café *Orphée* ist für ihn ein regelrechter Sehnsuchtsort: »*Wer würde erwarten, in einer verhältnismäßig kleinen süddeutschen Stadt, beim Schlendern durch die Altstadt, auf genau so ein Café zu stoßen. […] Und natürlich gibt es so einen Ort nicht ganz von allein. Da gehört auch eine Stadt dazu, die so ein Lebensgefühl möglich macht.*«

Nun muss man Wim Wenders Liebe zum *Orphée*, das – mit stilechten Plakaten an der Wand, starkem Kaffee und nicht zuletzt immer einer freien Zeitung zum Lesen – tatsächlich ein Stück französischer Lebenskultur nach Regensburg bringt, nicht unbedingt vollumfänglich teilen. Sicher ist allerdings, dass Wim Wenders in Regensburg auf ein Publikum trifft, das zum Autorenkino regelrecht erzogen wurde. Hier blüht eine feine kleine Kinoszene, die mit den Altstadtkinos *Garbo*, *Ostentorkino* und *Regina* üppig Filme am Rande des Mainstreams neben aktuellen Großproduktionen zeigt, und die mit der Filmgalerie im *Leeren Beutel* und dem Akademiekino im Stadtamhofer *Andreasstadel* genügend Raum lässt für kleinste Produktionen aus aller Welt.

So verwundert es nicht, dass auch das Regensburger Filmfestival dem Hang zum Abseitigen und zur kleinen Form huldigt: Die Kurzfilmwoche genießt national und international einen hervorragenden Ruf und wird jedes Jahr traditionell mit einer ausufernden Party des bayerischen Alternativradioformats *Zündfunk* beendet, die garantiert immer der jeweilige place to be für feierwillige Studierende ist.

Museen in der Museumsstadt (s. S. 221)

Unser kleiner Führer durch die gebaute Geschichte der Stadt begreift die Stadt selbst als lebendiges, wandelbares Geschichtsmuseum von internationalem Rang. Trotzdem sollten Sie natürlich für Ihren Regensburgurlaub auch einen ausgiebigen, sozusagen *echten* Museumsnachmittag einplanen.

Die Sammlungen der Stadt kulminieren im *Historischen Museum* am Dachauplatz, das – zumindest im Prinzip – die Stadtgeschichte von der Römerzeit bis in die Gegenwart behandelt, seinen Schwerpunkt aber nicht unverständlicherweise auf Antike und Mittelalter setzt. Das Haus wird in den kommenden Jahren durch Umbaupläne gehörig in Bewegung geraten. Im Moment finden Sie viele der auch in diesem Buch erwähnten Highlights wie die Gründungsinschrift des Legionslagers (s. S. 30) und den Reformationsaltar (s. S. 112) in durchaus gelungenen Einzelausstellungen; ein großer Erzählzusammenhang, wie sich ihn vor allem wir als ungeduldige Regensburgreisende wünschen würden, ist derzeit leider noch nicht gegeben.

Ein Stück Paris in Regensburg – das Orphée ist wohl nicht nur Wim Wenders Lieblingsort in der Stadt.

*Kein Treffen gewichtiger Herren, sondern ein
Teil der Ausstellung im Historischen Museum*

Trotzdem wird man in diesem Museum über die genannten Objekte hinaus mit allerhand Highlights aus der reichen Geschichte Regensburgs belohnt werden. Wer das Haus sozusagen mit Anleitung sehen will, der kann bedenkenlos auf das hochwertige Führungsprogramm des Fremdanbieters *Cultheca* zurückgreifen, dessen Gründer Gerhard Waldherr nicht zuletzt einer der besten Kenner der antiken Geschichte der Stadt ist.

Freunde der Kunst der klassischen Moderne und der zeitgenössischen Kunst werden sicherlich zielgerichtet das *Kunstforum Ostdeutsche Galerie* am Rande des Stadtparks ansteuern – und sie tun gut daran. Auch wenn heutzutage das Sammlungsmotto »ostdeutsch« (und zwar großdeutsch gedacht) auf den ersten Blick etwas aus der Zeit gefallen anmuten mag, ist die Sammlung, die auf der *Sudetendeutschen Galerie* des *Adalbert-Stifter-Vereins* basiert und nach dem Bundesvertriebenengesetz sowohl vom Bund als auch vom Freistaat gefördert wird, nichts weniger als exquisit. Mit dem ideologischen Motto des Hauses gehen die Kuratoren inzwischen durchaus offensiv um. Wie Regensburg selbst im vereinten Europa wieder ein Bindeglied zwischen Ost und West geworden ist, so kann man auch im *Kunstforum* immer wieder Entdeckungen aus der zeitgenössischen Kunstszene der deutschen Nachbarländer machen.

Nach diesen zwei für die Stadt wohl wichtigsten Museen lohnt besonders auch der Gang in das *Diözesanschatzmuseum* im Domareal. Hier finden Sie kunsthistorisch hoch bedeutende sakrale Gegenstände aus der langen Geschichte des Bistums in einer überaus wertigen und edlen Präsentation. Zeitgenössische Kunst von regionalen und überregionalen Künstlern können Sie in der *Städtischen Galerie* im *Leeren Beutel* sehen. Hier lohnt der Besuch schon allein wegen des im Kern spätmittelalterlichen Getreidestadels, der heute neben der Galerie auch dem Jazzclub und einem feinen Restaurant Herberge bietet.

Im Grünen

Regensburg ist nicht nur eine Stadt der Baudenkmäler, sondern auch der Parks und Gärten. Wenn Sie an einem herrlichen Frühlings- oder Sommertag alle Parkanlagen der Innenstadt durchwandern wollen, sollten Sie sich eigentlich einen ganzen Tag Zeit nehmen – es wird sich lohnen.

Im Westen der Stadt befindet sich der vielleicht schönste Park Regensburgs. Der direkt an das *Naturkundemuseum Ostbayern* angrenzende Herzogspark bietet von allem das: historische Architektur mit einem ehemaligen Turm der Stadtbefestigung, interessante Geländemodellierung durch den Graben derselben, einen Pflanzlehrgarten des Naturkundemuseums und freien Blick auf die Donau. Ein kleines Paradies am Rande der Altstadt.

Freunde ausufernder englischer Parkanlagen – also jener Gärten, die mit viel Aufwand und Akribie so gestaltet sind, als wären sie natürlich und ungestaltet gewachsen – werden am Dörnbergpark ihre helle

Der Herzogspark lädt zu ausgiebigen Spaziergängen im Grünen mitten in der Stadt ein.

Freude haben. Das Parkdenkmal des bayerischen Hofgärtners Carl von Effner gilt als einer der bedeutendsten Englischen Gärten Süddeutschlands und bietet mit 7,4 Hektar viel Raum für Spaziergänge.

Noch größer und in Teilen ebenfalls geprägt von der englischen Mode ist der Stadtpark mit über acht Hektar Fläche. Hier kann man an einem See die Seele baumeln lassen, direkt neben dem *Kunstforum* rüstigen Rentnern und Lebemännern beim Bocciaspielen zusehen oder im Biergarten *Unter den Linden* einfach nur den Tag genießen.

Alle drei Parkanlagen sind durch eine Allee fast vollständig miteinander verbunden, was den Parkspaziergang zu einem großen Ausflug ins Grüne mitten in der Stadt macht. Die Allee entstand bereits Ende des 18. Jahrhunderts. 1779 entschloss sich Fürst Carl Anselm von Thurn und Taxis dazu, auf eigene Kosten die Befestigungsanlagen des mittelalterlichen Regensburg in einen Park umzuwandeln. Der Fürst begriff diese stadtpflegerische Maßnahme als Geschenk an die Bürger – und schuf damit zehn Jahre vor dem Englischen Garten in München einen begehbaren Volkspark, der sich wie ein grüner Gürtel um die Stadt legt. Seine bis heute sichtbare Struktur erfuhr der Grüngürtel dann durch Fürstprimas Carl von Dalberg, der für die Allee etliche Denkmäler anschaffen ließ, die sie endgültig zu so etwas wie einem in die Länge gezogenen englischen Landschaftsgarten machten.

Der Stadtpark beherbergt nicht nur Bäume, sondern auch mehrere Denkmäler und Figuren.

Umlandtouren nach Kelheim, Weltenburg und ins Altmühltal

Das Regensburger Umland ist ohne Zweifel eine ausführliche Landpartie wert. Wenn Sie den Tipps Ihres Reiseleiters gefolgt sind, dürften Sie dies in Donaustauf (s. S. 161ff.) sowie im wunderbaren Bach an der Donau (s. S. 170f.) bereits selbst erlebt haben.

Historisch stoßen wir im direkten Umkreis von Regensburg immer wieder auf verschiedene Herrschaftsbereiche. Während Donaustauf in der Hand des Regensburger Fürstbischofs lag, beginnt südlich von Regensburg der Einflussbereich der niederbayerischen – später gesamtbayerischen – Herzöge.

Nördlich von Regensburg liegt der Fall gar noch komplizierter. Das Gebiet der heutigen Oberpfalz lag je nach Zeitschnitt in den Händen der oberbayerischen Herrscher, der pfälzischen Wittelsbacher, deren Hauptsitz das Heidelberger Schloss war, und ab 1505 der Pfalz Neuburg. Durch Verpfändungen hatten aber auch Herrscher angrenzender Gebiete wie die fränkischen Hohenzollern immer wieder Besitzungen in der Oberpfalz.

Ihr Reiseleiter schlägt Ihnen zwei Touren durch das Regensburger Umland vor, die Sie bequem an jeweils einem Tag schaffen können. Aufgrund der manchmal eher schlechten Anbindung mit dem ÖPNV wäre dabei – vor allem im Fall der ersten Tour – ein eigener Pkw durchaus von Vorteil.

Unsere erste Tour führt uns durch den heute direkt an Regensburg angrenzenden Landkreis Kelheim. Wir starten an der

Kehlheimer Befreiungshalle. Dieser Bau ist gleichsam eine Schwester der Walhalla in Donaustauf. Auch sie steht sinnbildlich für den immensen kunstpolitischen Anspruch ihres Erbauers, Ludwig I. Im Gegensatz zur programmatisch etwas komplexer angelegten Walhalla entspricht der von Friedrich von Gärtner begonnene und von Leo von Klenze letztlich gestaltete Rundbau allerdings nur einem einzigen Zweck: der Verherrlichung des Sieges über Napoleon, zu dem ja auch Bayern, etwas später vielleicht als die anderen Alliierten, seinen Beitrag geleistet hatte. Diesen Anspruch repräsentieren im Innenraum der Befreiungshalle 34 von Ludwig Schwanthaler entworfene Siegesgöttinnen. Sie halten Rundschilde mit den Ortsnamen der siegreichen Kampfstätten des Befreiungskriegs.

Die Glorifizierung des Sieges bestimmt auch die Außenansicht der Befreiungshalle. Hier sehen wir 18 Kolossalstatuen des Bilderhauers Johann Halbig mit Personifikationen jener deutschen Volksstämme, die an den Schlachten gegen Napoleon beteiligt waren – von den Franken und Böhmen über die Preußen bis hin zu den Rheinländern und Schwaben.

Selbst wenn Sie inzwischen von königlichen Monumenten genug haben sollten, werden Sie sich dem Anblick des Rundtempels auf dem Kelheimer Michelsberg kaum entziehen können. Die Befreiungshalle wurde auf ihre immense Fernwirkung hin geplant. Doch es gilt auch das Umgekehrte: Von der äußeren Aussichtsterrasse aus haben Sie einen derartig herrlichen Blick über die

Die frisch sanierte Befreiungshalle thront über Kelheim und wartet auf Ihren Besuch.

Landschaft, dass sich darüber der martialische Symbolgehalt dieser Architektur fast vergessen lässt.

Nur wenige Kilometer von der Befreiungshalle entfernt liegt das altehrwürdige Kloster Weltenburg. Lange Zeit galt es gar als das älteste Kloster Bayerns. Hier sind allerdings durchaus Zweifel angebracht, da die Gründung des Klosters um 700 durch den heiligen Rupert nur durch eine Erwähnung mehr als 300 Jahre später belegt ist. Sicher ist, dass die Mönche des Klosters im Frühmittelalter nach der benediktinischen Regel lebten.

Trotzdem werden wir – wie zahlreiche andere Besucher auch – nicht wegen der mittelalterlichen Wurzeln nach Weltenburg kommen, sondern wegen dreier anderer gewichtiger Gründe: wegen der herrlichen Lage des Klosters am Donaudurchbruch, wegen der barocken Pracht der Klosterkirche und nicht zuletzt wegen des herrlichen Klosterbiergartens.

Das heutige Erscheinungsbild der Anlage wurde maßgeblich in der ersten Hälfte des 18. Jahrhunderts unter Abt Maurus I. Bächl geprägt. Die Klosterkirche entstand zwischen 1716 und 1735 und darf als ein Hauptwerk der Brüder Cosmas Damian und Egid Quirin Asam gelten. Cosmas Damian fungierte dabei vor allem als Maler, Egid Quirin als Stuckateur, bildhauerisch waren beide tätig. Sie sollten sich Zeit lassen, um die detailreichen Ausstattungslösungen der Brüder Asam auch im Einzelnen zu entdecken. Natürlich sind das Deckenfresko und der Hochaltar mit der prunkvoll-eleganten Figur des heiligen Georgs Meisterwerke barocker Ausstattungskunst, aber auch darüber hinaus gibt es hier einiges zu bestaunen.

Von der Donau führt uns unser Weg – nach einer Stärkung im Klosterbiergarten – an die Altmühl. Hier im Altmühltal wartet die Burg Prunn auf uns. Wie direkt dem Bilderbuch erwachsen, thront die Felsspornburg seit über 800 Jahren über dem Tal. In ihrem Inneren präsentiert die Burg neben den erhaltenen historischen Räumlichkeiten, die größtenteils barock überformt wurden, vor allem allerhand Wissenswertes zur einer hier im 16. Jahrhundert aufgefundenen Handschrift des Nibelungenlieds, die als *Prunner Codex* in der Bayerischen Staatsbibliothek aufbewahrt wird und 2012 anlässlich der Eröffnung der neuen Ausstellung auch auf der Burg zu sehen war.

Zahlreiche Wanderwege rund um die Burg Prunn laden dazu ein, im wunderbaren Altmühltal die Seele baumeln zu lassen. Im nahen Riedenburg finden Sie jedenfalls genügend Möglichkeiten zur Einkehr nach einer kräftezehrenden Wanderung.

Burglengenfeld und Kallmünz (s. S. 221)

Eine zweite Umlandtour führt uns nun in die Oberpfalz, genauer in die nur wenige Kilometer von Regensburg entfernte Stadt Burglengenfeld und in den malerischen Markt Kallmünz – beide gelegen im Tal des kleinen Flusses Naab. In beiden Fällen sind wir jetzt sozusagen in der *echten* Oberpfalz angekommen. Lassen Sie sich aber von den alteingesessenen Regensburgern nicht foppen: Hinter dem Pfaffensteiner Tunnel, dem Verkehrsnadelöhr in die ehemalige Reichsstadt und aus ihr heraus, endet die zivilisierte Welt nicht. Gerade Burglengenfeld hat sich in den letzten Jahren durchaus rasant entwickelt und bietet neben dem historischen Kern, der uns naturgemäß am meisten interessiert, diverse schnell wachsende Neubaugebiete für Stadtflüchtende. Sie dürfen dem – natürlich an sich unbestechlichen – Urteil Ihres kunsthistorischen Reiseleiters hier übrigens trauen, obwohl er sich selbst durchaus mit Stolz einen waschechten Burglengenfelder nennen darf.

Unser Spaziergang in Burglengenfeld steht ganz im Zeichen der namensgebenden Burg. Die Anlage dürfte in ihrer heutigen Ausdehnung ab 1100 entstanden sein und dient seit 1968 als Heilpädagogische Anstalt. Aus diesem Grund ist die Burg selbst leider nicht öffentlich zugänglich, kann aber mit Führungen und vor allem an den *Tagen des offenen Burgtores* besichtigt werden. Wir müssen uns also damit begnügen, um die Burg herum zu wandern und nehmen den steilen Treppenaufstieg vorbei am *Oberpfälzer Volkskundemuseum*. Wer sich noch eingehender über Burglengenfeld informieren will, kann dies auch im Erdgeschoss des Museums in einer ansprechend neugestalteten Abteilung zur Geschichte der Stadt und des Barockbaumeisters Johann Michael Fischer, ihres kunsthistorisch bedeutendsten Sohnes, tun.

Da mit der Burg nicht nur die Entwicklung der Besiedlung an ihrem Fuß verknüpft ist, sondern auch ein durchaus gewichtiges Stück bayerischer Geschichte, lohnt es sich, an dieser Stelle etwas auszuholen: Die ersten Besitzer der Burg waren im 11. Jahrhundert die Herren von Pettendorf-Lengenfeld-Hopfenohe. Ohne die aus dieser Familie stammende Heilika (um 1103–1170) wäre die bayerische Geschichte anders verlaufen: Nachdem ihr Vater ohne männliche Nachkommen gestorben war, ging der Lengenfelder Besitz an sie über. Da Heilika mit Pfalzgraf Otto von Wittelsbach verheiratet war, kam die Burg in den Besitz der Wittelsbacher – und blieb dort tatsächlich bis zum Königreich Bayern.

Die Ehe zwischen Heilika und dem wittelsbachische Pfalzgrafen band aber nicht nur Burglengenfeld an die Wittelsbacher, sondern brachte auch einen Sohn namens Otto hervor, der 1180 als erster Spross seiner Familie zum Herzog von Bayern aufstieg. Heilika ist also nichts weniger als die Stammmutter der wittelsbachischen Herzöge – und die Burg Lengenfeld eine ihrer Stammburgen welche mit ihrer Ausdehnung als eine der größten romanischen – die meisten steinernen Bauten dürften aus der Zeit um 1200 stammen – Burganlagen Bayerns gelten darf.

Neben Heilika von Lengenfeld sind zwei weitere, sozusagen Burglengenfelder Wittelsbacher prägend für die gesamtbayerische Geschichte: die Pfalzgrafen Ottheinrich und Philipp von Pfalz-Neuburg. Ihr neuburgisches Herrschaftsgebiet entstand aus den Wirren des Landshuter Erbfolgekriegs, der 1504 kurz nach dem Tod Herzog Georgs des

Reichen von Bayern-Landshut ausbrach. Georg hatte in seinem Testament seine Tochter Elisabeth, die Gemahlin Ruprechts von der Pfalz, zur Erbin eingesetzt. Dies widersprach allerdings dem Wittelsbacher Hausvertrag, der beim Aussterben einer männlichen Linie die Vereinigung der bayerischen Besitztümer vorsah, sodass Albrecht IV. von Bayern-München Ansprüche auf Bayern-Landshut anmeldete.

Der Erbfolgekrieg endete 1505 mit dem Kölner Schiedsspruch, der das Schicksal Burglengenfelds in den nächsten gut 300 Jahren bestimmen sollte. Die Münchner Linie der Wittelsbacher erhielt einen Großteil des geforderten Gebietes. Zum Ausgleich wurde für die beiden noch nicht volljährigen Enkel Georgs des Reichen – Ottheinrich und Philipp – die sogenannte »Junge Pfalz«, nach dem Regierungssitz auch Pfalz-Neuburg genannt, eingerichtet. Die Pfalz beinhaltete ein geografisch zersplittertes Gebiet mit Besitzungen rund um Neuburg an der Donau, in Franken und in der heutigen Oberpfalz. Burglengenfeld und seine Burg wurden zum nördlichen Herrschaftszentrum der Pfalz-Neuburg.

1522 wurden die beiden Fürsten – auf der Burg Lengenfeld! – für volljährig und damit für regierungsfähig erklärt. Noch im selben Jahr überließ Philipp die Herrschaft in der Jungen Pfalz seinem Bruder Ottheinrich, der vor allem seinen Herrschaftssitz in Neuburg zu einem der prächtigsten Renaissanceschlösser nördlich der Alpen ausbauen ließ. Ein solches finden wir leider auf unserem Rundgang durch die Stadt am Fuße des Burgberges nicht. Zumindest eine Ahnung

von diesem architektonischen Glanz vermittelt aber auch das in der zweiten Hälfte des 16. Jahrhunderts in der Formensprache der Renaissance umgestaltete Rathaus der Stadt Burglengenfeld. Als Architekt zeichnete Leonhard Greineisen, fürstlicher Baumeister zu Burglengenfeld, verantwortlich, als dessen Hauptwerk das stattliche Schloss zu Höchstädt an der Donau gilt.

Als Philipp 1535 in die Pfalz-Neuburg zurückkehrte, drang er auf eine Teilung des Fürstentums. Er erhielt den nördlichen Teil der Pfalz rund um Burglengenfeld, Schwandorf und Sulzbach. Philipp regierte seine Besitzungen von Burglengenfeld aus. Er scheint tatsächlich ein Faible für den kleinen Markt gehabt zu haben, wie Berichte über prachtvolle Turniere, Jagden und neuburgische Landtage in Burglengenfeld beweisen.

1541 allerdings musste der restlos verschuldete Philipp zugunsten seines Bruders vom Amt zurücktreten. Er verbrachte noch einige Zeit in Burglengenfeld, von wo aus er – vergeblich – hoffte, eine standesgemäße Ehe arrangieren zu können. Philipp hinterließ Burglengenfeld vor allem ein mächtiges Regierungsgebäude: die sogenannte Große Kanzlei, die wir in ihrer heutigen Nutzung als *Oberpfälzer Volkskundemuseum* bereits gesehen haben.

Die Große Kanzlei geht wohl auf einen Bau des 14. Jahrhunderts zurück. Sie wurde allerdings unter Philipp grundlegend umgestaltet und ausgebaut. Die Kanzlei war vor allem ein Verwaltungssitz. Hier wurden vor allem rechtliche Vorgänge bearbeitet und Urkunden ausgestellt.

Leben im Schatten der Burg – es lohnt sich,
Burglengenfeld zu entdecken.

Nach der Besichtigung des Rathauses und der Kanzlei können Sie gerne noch ein wenig über den Marktplatz schlendern und im hinter dem Rathaus gelegenen Siedlungskern an der ehemaligen Stadtmauer diese herrliche kleine Stadt für sich entdecken. Sie sollten dabei auch einen Zwischenstopp an der Naab einplanen. Der Fluss ist sozusagen die Lebensader der Oberpfalz und erreicht bei Burglengenfeld eine durchaus ansehnliche Breite.

Trotzdem müssen Sie Burglengenfeld, auch wenn es schwer fällt, wieder verlassen, denn auf Sie wartet knapp zehn Kilometer entfernt noch der malerische Markt Kallmünz, dem wir zumindest eine kleine Fußnote in der Geschichte der modernen Kunst verdanken. Wassily Kandinsky und Gabriele Münter fühlten sich auf einer Malerreise der Künstlergruppe Phalanx 1903 hier derart zueinander hingezogen, dass sich der verheiratete Kandinsky Gabriele Münter versprach. Auch wenn die Liaison der beiden bekanntlich nicht ewig hielt, seinen malerischen Zauber besitzt Kallmünz sehr wohl noch heute.

Über der Stadt thront eine mächtige Burgruine aus dem 13. Jahrhundert, im Ort reiht sich ein zauberhaftes kleines Häuschen an das nächste, und noch dazu fließen hier die beiden Flüsse Naab und Vils ineinander – kurzum: Kallmünz wirkt ein bisschen wie aus dem Märchenbuch in die Oberpfalz gefallen und weiß dieses Image auch gut zu pflegen. Der Ort wurde und wird von Künstlern und solchen, die es eigentlich werden wollten, geprägt. Die Galeriedichte ist erstaunlich hoch, und im Sommer wimmelt es nur so vor Tagesausflüglern, die hier auf den Spuren von Kandinsky und Münter wenn nicht die große Liebe, dann wenigstens Kunst und Kunsthandwerk auf engstem Raum, eingerahmt von Kalkfelsen und den Naabwiesen, suchen und finden.

In Kallmünz gibt es außerdem zahlreiche Einkehrmöglichkeiten – falls Sie nach einem anstrengenden Tag Lust auf ein ordentliches Abendessen und ein frisch gezapftes Bier haben, werden Sie hier sicher fündig werden. Am besten suchen Sie sich natürlich ein Plätzchen draußen und genießen die Abendstimmung in diesem kleinen Künstlermärchenparadies, bevor es wieder zurück nach Regensburg geht.

Wenn Sie dann den Pfaffensteiner Tunnel passieren, wissen Sie: Wer den Tunnel als natürliche Barriere der Zivilisation begreift, der verpasst diesen herrlichen Flecken Erde – und das wollen wir nun wirklich nicht mal unserem ärgsten Feind wünschen.

Wie ein vom Himmel gefallener Künstlertraum – das kleine Städtchen Kallmünz weiß zu bezaubern.

Zu guter Letzt

Wer mit offenen Augen durch die Stadt geht, der wird an nahezu jedem wichtigen historischen Gebäude – natürlich auch an jenen, die wir besichtigt haben – eine starkfarbige Tafel angebracht finden. Diese vielleicht auf den ersten Blick unscheinbaren, auf den zweiten aber umso stadtbildprägenderen Grafiken gehören zur Serie »Stadtzeit-Zeitstadt« der Künstlerin Maria Maier. Sie zieren Parks und Plätze ebenso wie Kirchen und herausragende profane Gebäude. Darauf sehen wir jeweils den Grundriss des Gebäudes, an dem sich die Tafel befindet, und die Grundrisse vergleichbarer Bauwerke oder Anlagen in der Stadt.

Durch die Konzentration auf Grundrisse, also auf die scheinbar unverrückbare geometrische Grundlage, gewinnt diese Serie etwas Objektives, fast Überzeitliches – und ist doch der Zeitlichkeit sehr wohl verhaftet. Wie wir im Laufe unserer Rundgänge immer wieder gesehen haben, hat sich das Bild dieser Stadt immer wieder gewandelt. Allein in der zweiten Hälfte des 20. Jahrhunderts wurde Regensburg vom bayerischen Sorgenkind zum boomenden Wirtschaftszentrum. Nicht nur die Stadt, auch ihre Gebäude sind immer wieder gewachsen oder geschrumpft. Anbauten haben sie erweitert, das Unverständnis späterer Zeiten aber auch immer wieder verändert oder gar zerstört.

Was die Serie »Stadtzeit-Zeitstadt« also zeigt, ist die Stadt, wie wir sie heute sehen: ein unglaubliches Geschichtenreservoire, das aber zumindest ihre Architektur betreffend weitgehend stillgestellt wurde. Von einer Stadt, die dem Welterbe der UNESCO angehört, erwarten wir schließlich auch genau das – dass sie jenen Zustand konserviert, der sie in eine Reihe mit anderen Objekten, Orten oder Gebräuchen stellt, die laut Welterbekonvention »von außergewöhnlicher Bedeutung sind und daher als Bestandteil des Welterbes der ganzen Menschheit erhalten werden müssen«. Damit die Stadt als Mikrokosmos allerdings ebenso lebendig bleibt, wie es in den Grafiken die Begegnung der Grundrisse mit leuchtender Farbigkeit andeutet, muss sie in genau jenem Spannungsfeld zwischen historischem Erbe und steter Weiterentwicklung ihren Platz finden.

Dieser Drahtseilakt zwischen Gestern und Heute scheint in Regensburg nicht nur in Maria Maiers Serie zu gelingen. Im Jahr 2019 wird tatsächlich – pünktlich zur 100-Jahr-Feier der ersten demokratischen bayerischen Verfassung, der sogenannten Bamberger Verfassung – so etwas wie die endgültige Versöhnung zwischen der aufmüpfigen Reichsstadt und ihren bayerischen Nachbarn gefeiert werden. Das *Museum der Bayerischen Geschichte*, also das offizielle Staatsmuseum zur Geschichte Bayerns in den letzten 200 Jahren, wird dann ausgerechnet hier in Regensburg seine Pforten für die Besucher öffnen.

Es wird kein Nationalmuseum wie in München sein, das sich aus der reichen

Maria Maiers Serie »Stadtzeit-Zeitstadt« prägt unscheinbar, aber dafür umso wirkungsvoller das historische Stadtbild.

kunsthistorischen Tradition Bayerns speist, sondern ein Museum, das versucht, die letzten 200 Jahre bayerischer Geschichte anhand von außergewöhnlichen Objekten darzustellen – ganz unabhängig von ihrem Kunstwert. Ein selbst zusammengezimmerter Heißluftballon, der zur Flucht aus der DDR verhalf, soll hier ebenso zu sehen sein wie das Dirndl der ehemaligen Wiesn-Chefin.

Dass die Beziehung zwischen Regensburg und Bayern nicht immer eine harmonische war, scheint für die Gegenwart dieses monumentalen Museumsbaus eine untergeordnete Rolle zu spielen. Die Architektur des Museums wirkt repräsentativ und nüchtern zugleich. Nicht zuletzt schließt sie die empfindliche städtebauliche Lücke zur Donau, die gerade aufgrund der starken Zunahme von Ausflugsschiffen in den letzten Jahren manifest wurde.

Die Zeit wird erweisen, inwieweit Regensburg seine bayerische Rolle annimmt – oder ob nicht im Umkehrschluss die eigene Identität der Stadt durch diese Schau noch stärker in den Vordergrund rückt. Zu wün-

schen wäre Ersteres sowohl der Stadt als auch dem Museum: Sie würden dann nämlich nicht konkurrieren, sondern sich – auch als geschichtliche Erzählung – ergänzen.

Das große neue Museum des Architekturbüros *woerner traxler richter* aus Frankfurt am Main ist allerdings vielleicht gar nicht der wichtigste Regensburger Neubau in den kommenden Jahren. Dass unweit des Doms nach einem Entwurf des Büros des renommierten Architekten Volker Staab wieder eine neue Synagoge in moderner Formensprache entsteht, ist heute, gut 500 Jahre nach der Zerstörung des jüdischen Kaufmannsviertels und der gotischen Synagoge, eine Nachricht, die tatsächlich noch hoffnungsvoller stimmt als die endgültige Versöhnung zwischen Regensburg und Bayern.

Sie sehen: Jene Stadt, die wir durchwandert haben, ist gewillt, nicht stehenzubleiben. Sie wächst und wird dabei stets im Wandel bleiben. Solange dies geschieht, wird nicht nur die Stadt lebendig bleiben, sondern auch ihre Geschichte.

Nicht nur museal ein neues Kapitel in der Geschichte Regensburgs – das Museum der Bayerischen Geschichte

Adressen und Tipps

Einführung

Tourist Information im Alten Rathaus
Rathausplatz 4, 93047 Regensburg
Tel. 09 41/5 07 44 10
tourismus.regensburg.de

Kapitel 1

Markthalle Regensburg
Dachauplatz, 93047 Regensburg
Tel. 09 41/4 61 58 00
www.markthalle-regensburg.de
Hallenöffnungszeiten: Mo–Sa 7.00–20.00
Kernöffnungszeiten: Mo–Sa 10.00–19.30

Bischofshof am Dom GmbH,
Hotel und Restaurant
Krauterermarkt 3, 93047 Regensburg
Tel. 09 41/59 41 01-1 (Restaurant)
www.hotel-bischofshof.de

Peter und Paul, Tanz- und Nachtclub
Adolph-Kolping-Straße 5
93047 Regensburg

Kapitel 2

Orlando di Lasso, Café und Konditorei
Alter Kornmarkt 2, 93047 Regensburg
Tel. 09 41/5 13 67
www.cafe-orlando-regensburg.de
Mo–Sa 7.30–18.00, So u. Fei geschlossen

La Chapelle, Café und Bistro
Alter Kornmarkt 1, 93047 Regensburg
Tel. 09 41/50 27 59 78
www.la-chapelle-regensburg.de
Mo–Do 9.00–24.00, Fr u. Sa 9.00–1.00
So u. Fei 10.00–23.00

Caffè Rinaldi
Alter Kornmarkt 3A, 93047 Regensburg
Tel. 09 41/5 99 39 57
Mo–Do 8.00–22.30, Fr u. Sa 8.00–24.00
So 9.00–18.00

Cupcakery
Domstraße 1, 93047 Regensburg
Tel. 09 41/38 22 22 94
www.cupcakery-regensburg.de
Mo–Fr 10.00–18.00, Sa 10.00–17.00
So 11.00–17.00

Kapitel 3

Beim Dampfnudel Uli
Am Watmarkt 4, 93047 Regensburg
Tel. 09 41/5 32 97, www.dampfnudel-uli.de
Mi–Fr 10.01–17.01, Sa 10.01–15.01
So–Di Ruhetag

Haus Heuport, Restaurant, Café und Bar
Domplatz 7, 93047 Regensburg
Tel. 09 41/5 99 92 97, www.heuport.de
Mo–Fr 10.00–24.00
Sa, So u. Fei 9.00–24.00

Hotel Goldenes Kreuz, mit Café
Haidplatz 7, 93047 Regensburg
Tel. 09 41/5 58 12
www.hotel-goldeneskreuz.de

Storstad, Restaurant
Watmarkt 5, 93047 Regensburg
Tel. 09 41/59 99 30 00, www.storstad.de
Di–Sa (feiertags nur Fr u. Sa)
Lunch: 12.00–14.00
Dinner: Di–Do 18.30–21.30
Fr u. Sa 18.00–21.30, Bar: 18.00–0.30

Turmtheater
Watmarkt 5, 93047 Regensburg
Tel. 09 41/56 22 33
www.regensburgerturmtheater.de

Kunstraum Sigismundkapelle
Haidplatz 8, 93047 Regensburg
Tel. 09 41/5 07 24 33
www.vhs-regensburg.de/programm/
kunstraum-sigismundkapelle

Kapitel 4

Führungen durch den Domkreuzgang
und etliche andere Kirchen können Sie
hier buchen:
Infozentrum DOMPLATZ 5
Domplatz 5, 93047 Regensburg
Tel. 09 41/5 97 16 62, www.domplatz-5.de
Apr–Okt Mo–Sa 9.00–18.00
So 13.30–14.30
Nov–März Mo–Sa 10.00–17.00
So 13.30–14.30

Bischofshof am Dom GmbH,
Hotel und Restaurant (s. S. 218)

Kneitinger Schlossgarten
Prüfeninger Schloßstraße 75
93051 Regensburg
Tel. 09 41/30 78 59 14
www.kneitinger-regensburg.de
Tägl. 11.30–21.45

Kapitel 5

Künstlerhaus Andreas-Stadel
Andreasstraße 28, 93059 Regensburg
Tel. 09 41/8 90 58 10
www.kuenstlerhaus-andreasstadel.de

Brauereigaststätte Spitalgarten
St. Katharinenplatz 1, 93059 Regensburg
Tel. 09 41/8 47 74, www.garten.spital.de
Tägl. 10.00–23.00

Pizza Maradonna
Gesandtenstraße 10, 93047 Regensburg
Tel. 09 41/5 67 48 00
www.pizza-maradonna.de
Di, Mi, Fr u. Sa 17.00–22.00
So 11.00–22.00, Mo, Do u. Sa geschlossen

Brauhaus am Schloss
Waffnergasse 6–8, 93047 Regensburg
Tel. 09 41/2 80 43 30
www.brauhaus-am-schloss.com
Mo–Fr 11.00–23.30, Sa, So u.
Fei 10.00–23.30, Jan–Mai nur bis 22.00

Kapitel 6

Weinstube Eibl
Hauptstraße 72, 93090 Bach a. d. Donau
Tel. 0 94 03/6 06, www.weinstube-eibl.de
Di–So u. Fei ab 13.00, Mo Ruhetag (außer
Fei u. auf Anfrage)

Kapitel 7

Das Unikat, Uni-Pizzeria
Universitätsstraße 31, 93053 Regensburg
Tel. 09 41/94 55 10 18,
www.unikat-regensburg.de
Mo–Fr ab 9.30, Sa ab 11.30

Kneitinger Keller,
Wirtshaus und Biergarten
Galgenbergstraße 18, 93053 Regensburg
Tel. 09 41/7 66 80, www.kneitingerkeller.de
Tägl. 9.00–24.00

**Alles zu den verschiedenen Rehorik-
Filialen unter:** www.rehorik.de

Kapitel »Und sonst noch …«

Brauereigaststätte Kneitinger
Arnulfsplatz 3, 93047 Regensburg
Tel. 09 41/5 24 55, www.reichinger.info
Tägl. 9.30–24.00

Alte Linde, Biergarten
Müllerstraße 1, 93059 Regensburg
Tel. 09 41/8 80 80,
www.altelinde-regensburg.de
Tägl. 11.00–23.00

Regensburger Weißbräuhaus
Schwarze-Bären-Straße 6, 93047 Regensburg
Tel. 09 41/5 99 77 03,
www.regensburger-weissbraeuhaus.de
Tägl. 10.00–1.00

Hofbräuhaus Regensburg
Waaggässchen 1, 93047 Regensburg
Tel. 09 41/5 12 80
www.hofbraeuhaus-regensburg.de
So–Mi 9.00–24.00, Do–Sa u.
am Tag vor Fei 9.00–0.30

Birretta Bierbar
Ostengasse 13, 93047 Regensburg
Tel. 09 41/58 62 83 22
www.birretta-bierbar.de
Di–Do 19.00–1.00, Fr u. Sa 19.00–2.00

Brauerei zum Kuchlbauer
Römerstraße 5–9, 93326 Abensberg
Tel. 0 94 43/91 01-0, www.kuchlbauer.de
Biergarten: im Sommer tägl. 10.00–19.00

Das Degginger, Kulturhaus
Wahlenstraße 17, 93047 Regensburg
www.regensburg.de/degginger

Kulturzentrum Alte Mälzerei
Galgenbergstraße 20, 93053 Regensburg
Tel. 09 41/7 88 81 15
www.alte-maelzerei.de

**Alle Infos zum Jazzweekend
finden Sie hier:**
www.bayerisches-jazzweekend.de

Restaurant Orphée
Untere Bachgasse 8, 93047 Regensburg
Tel. 09 41/5 29 77, www.hotel-orphee.de
Tägl. 8.00–1.00

**Infos zu den einzelnen Altstadtkinos
bekommen Sie unter:**

www.altstadtkinos.de
www.reginakino.de

Und zur Internationalen Kurzfilmwoche:
www.kurzfilmwoche.de

**Informationen zu allen Museen in
Regensburg finden Sie unter:**

www.regensburg.de/kultur/
museen-in-regensburg

**Umlandtouren nach Kehlheim, Wel-
tenburg und ins Altmühltal:**

http://www.schloesser.bayern.de/deutsch/
schloss/objekte/kelheim.htm
www.klosterschenke-weltenburg.de
www.burg-prunn.de
www.burglengenfeld.de
www.kallmuenz.de

Literaturverzeichnis

Die Fachliteratur zu Regensburg füllt inzwischen nicht nur sprichwörtlich, sondern ganz real unzählige Regalmeter. Es kann nicht der Anspruch eines (kunst-)historischen Reiseführers sein, ein möglichst vollständiges Verzeichnis der Literatur zu Regensburg anzuführen. Die folgende Auswahl soll für die in den einzelnen Kapiteln angesprochenen Themen Wege der Vertiefung aufzeigen und zumindest die wichtigsten Standardwerke nennen.

Allgemein:

Karl Bauer: *Regensburg. Aus Kunst-, Kultur- und Alltagsgeschichte*, 6. Aufl., Regensburg 2014.

Rainer Barbey/Erwin Petzi (Hgg.): *Kleine Regensburger Literaturgeschichte*, Regensburg 2014.

Georg Dehio: *Handbuch der Deutschen Kunstdenkmäler. Bayern V. Regensburg und die Oberpfalz*, 2. durchgesehene und ergänzte Aufl., München, Berlin 2008.

Matthias Freitag: *Regensburger Straßennamen. Von Abensstraße bis Zwerchpaintstraße*, Regensburg 1997.

Matthias Freitag: *Regensburg. Kleine Stadtgeschichte*, 5. aktualisierte und erweiterte Aufl., Regensburg 2016.

Peter Morsbach: *Kunst in Regensburg*, Regensburg 1995.

Alois Schmid: *Regensburg. Reichsstadt – Fürstenhof – Reichsstifte – Herzogshof*, München 1995 (= Historischer Atlas von Bayern, Teil Altbayern 60).

Peter Schmid (Hg.): *Geschichte der Stadt Regensburg*, 2 Bd.e., Regensburg 2000.

Eugen Trapp: *Welterbe Regensburg. Ein kunst- und kulturgeschichtlicher Führer zur Altstadt Regensburg mit Stadtamhof*, 2. aktualisierte Aufl., Regensburg 2012.

Eine unerschöpfliche Fundgrube für literarische Zitate zum Thema Regensburg:

Eberhard Dünninger (Hg.): *Regensburg. Das Bild der Stadt im Wandel der Jahrhunderte*, Amberg 1995.

Zur Geschichte des Heiligen Römischen Reichs:

Joachim Whaley: *Das Heilige Römische Reich Deutscher Nation und seine Territorien*, 2 Bd.e, Darmstadt 2014.

Zum römischen Regensburg:

Georg H. Waldherr: *Römisches Regensburg. Ein historischer Stadtführer*, Regensburg 2015.

Zum frühmittelalterlichen Regensburg:

Alois Schmid (Hg.): *Das Alte Bayern. Von der Vorgeschichte bis zum Hochmittelalter*, München 2017. Hier insbesondere: Heidrun Stein-Kecks: »Die Kunst«, S. 461–508.

Zum Regensburg des Hoch- und Spätmittelalters:

Peter Brielmeier/Uwe Moosburger: *Regensburg. Metropole im Mittelalter*, Regensburg 2007.

Zu den Kirchen und Klöstern der Stadt:

Hier empfehlen sich jeweils die kostengünstigen und stets verlässlichen kleinen Kirchenführer aus dem Hause *Schnell & Steiner*, die Sie vor Ort in den Kirchen erwerben können.

Zur Zeit des Immerwährenden Reichstags:

Wolfgang Neiser/Peter Styra/Klemens Unger (Hgg.): *Regensburg zur Zeit des Immerwährenden Reichstags. Kulturhistorische Aspekte einer Epoche der Stadtgeschichte*, Regensburg 2013.

Zum modernen Regensburg:

Universität Regensburg: *Ein Campus für Regensburg. Konzeption – Architektur – Kunst. 40 Jahre Universität Regensburg 1967–2007*, Regensburg 2007.

Arbeitskreis Regensburger Herbstsymposium (Hg.): »Zum Teufel mit den Baudenkmälern«. 200 Jahre Denkmalschutz in Regensburg, Regensburg 2011.

Christoph Wagner (Hg.): *Kunst auf dem Campus der Universität Regensburg*, Regensburg 2009.

Peter Eiser, Günther Schießl: *Kriegsende in Regensburg*, Regensburg 2012.

MERIAN Regensburg (MERIAN Hefte), Ausgabe 09/2009, Hamburg 2009.

Zum Umland:

Für die Walhalla, die Befreiungshalle und die Burg Prunn existieren Amtliche Führer der Bayerischen Schlösserverwaltung, die für wenig Geld viel Information bieten und zugleich auf weitere vertiefende Literatur verweisen.

Stefan Effenhauser/Sebastian Karnatz/Sebastian Thomann: *Burglengenfeld. Gesichter einer Stadt*, Burglengenfeld 2014.

Sebastian Karnatz/Uta Piereth/Alexander Wiesneth: »Umb die vest prunn«. *Geschichte Baugeschichte und der Prunner Codex*, München 2012.

Jörg Traeger: *Der Weg nach Walhalla. Denkmallandschaft und Bildungsreise im 19. Jahrhundert*, Regensburg 1987.

Dank

Dieses Buch hätte nicht geschrieben werden können ohne die immense Duldsamkeit meiner Frau Carolin und meines kleinen Sohnes Maximilian, der auf den Rundgängen – für ihn Rundfahrten – durch Regensburg der erste, sozusagen wehrlose Adressat meiner Ausführungen war.

Dem *ars vivendi verlag* von Norbert Treuheit sei an dieser Stelle zum wiederholten Male gedankt für das in mich gesetzte Vertrauen. Magdalena Haid hatte nicht nur die Gesamtkoordination des Projektes in ihren Händen, sie musste zudem noch das hier Geschriebene lektorieren und in eine lesbare Form bringen. Wenn Sie also Gefallen an diesem Buch finden, dann ist das auch der Verdienst ihrer stets akribischen Arbeit. Für ihre Mühen ist »Danke« fast noch ein zu schwaches Wort.

Stefan Effenhauser, dem Fotografen, der Regensburg nicht nur in diesem Band ein neues Gesicht verliehen hat, sei für seinen großen Einsatz und seine wunderbaren Bil-der gedankt. Dass er seinen Kollegen Peter Ferstl und die Stadtverwaltung von diesem Projekt überzeugen konnte, ist das größte Glück, das meinem Text überhaupt passieren konnte.

Meinem Arbeitgeber, der Bayerischen Schlösserverwaltung, danke ich für die Bereitstellung der Bilder der Walhalla, der Befreiungshalle und der Burg Prunn. Überdies stand mir meine Kollegin Dr. Uta Piereth – eine profunde Regensburg-Kennerin! – stets mit Rat, Tat und wertvollen Hinweisen zur Seite.

Last but least gebührt jener Stadt, die ich neben dem kleinen Burglengenfeld meine Heimat nenne, mein lebenslanger Dank dafür, dass sie mich an jedem Tag aufs Neue so erhaben und rätselhaft begrüßt, als würde ich sie zum ersten Mal sehen. Ich hoffe, Sie können dieses Gefühl nach dem Besuch Regensburgs und der Lektüre dieses Buches wenigstens ein kleines bisschen nachempfinden.